ENCYCLOPÉDIE A. L. GUYOT

Les Applications Modernes
de la Photographie

LE CINÉMA

ET

LA PROJECTION

à la Maison

PAR

Louis TRANCHANT

PARIS

20, Rue des Petits-Champs

Algérie, Colonies et Étranger : 35 Cent.

(Port en plus)

LE CINÉMA ET LA PROJECTION

OUVRAGES du même AUTEUR

Collection A.-L. Guyot

Manuel pratique du Photographe Amateur... 1 vol.
Le Petit Jardinier Amateur.................. 1 »
Les Rayons X pour tous et le Radium....... 2 »
Les Applications modernes de la Photographie. 1 »
La Photographie en Couleurs pour tous...... 1 »

Le Chemin du Crime, roman (2ᵉ édition)...... 3ʳ50

Gauthier-Villars, éditeur à Paris

La Linotypie, 1 vol. in-18 jésus............... 1.25

Desforges, éditeur à Paris

La Photocollographie simplifiée (2ᵉ édition)... 1. »
La Photographie des Couleurs simplifiée
(2ᵉ édition)................................. 1. »
L'Illustration photographique des Cartes pos-
tales...................................... 1.25

Charles Mendel, éditeur à Paris

Le Vade-Mecum du Cycliste photographe.... 1. »
La Microphotographie simplifiée, 1 vol....... 1.25
La Cinématographie pour tous............... 0.75
Les Merveilles du Cinématographe........... 0.75

Collection Photo-Revue de Ch. Mendel
(à o fr. 6o)

La Photographie au charbon simplifiée. — La Photo-
copie positive par développement. — Les Positives pour
projections. — La Photocollographie pour tous. — La
Photocéramique simplifiée. — La Photosculpture pour
tous. — Le Photovitrail simplifié. — Clichés pelliculaires et retournés. — La Photogravure simplifiée. —
Utilisation des plaques et papiers voilés.

Les Applications Modernes
de la Photographie

LE
CINÉMA
ET
LA PROJECTION
à la Maison

PAR

Louis TRANCHANT

PARIS
Collection A.-L. GUYOT
20, Rue des Petits-Champs, 20

LE CINÉMA ET LA PROJECTION

CHAPITRE PREMIER

—

Projection et Agrandissement

(Historique)

Nous avons dit, déjà ailleurs, que la photographie est une éducatrice incomparable. C'est par la projection fixe ou animée qu'elle triomphe dans ce rôle.

Elle sert alors à instruire non seulement les petits, mais aussi les grands enfants, l'élite comme la masse du peuple constamment prise par la préoccupation du pain à gagner pour soi et pour la famille et qui, prise aussi par les stations prolongées dans les bars, dans les cafés, dans les réunions publiques où se débitent tant d'insanités, tant de lieux communs, et où se créent et se propagent tant d'erreurs, n'a guère le temps de compléter l'instruction très primaire reçue à l'école.

Dans une conférence, quelle que soit la médiocrité de celui qui la fait, si peu habile soit-il dans l'art de la parole, il y aura toujours un public pour l'entendre, s'il a des projections à faire admirer et tout le monde comprendra ce que le conférencier aura exprimé, quand même il l'aurait fait d'une façon obscure, si de bons clichés bien projetés ont éclairé un texte peu limpide de toute la lumière de la lanterne.

Dans ce premier chapitre nous allons exposer l'histoire et la théorie de la lanterne de projection et d'agrandissement, de la simple lanterne magique, laissant pour un chapitre ultérieur le cinématographe.

Le plus ancien instrument d'optique est la chambre obscure de Porta, savant napolitain qui en fit connaître la construction en 1570. Cette chambre obscure est devenue la chambre noire des photographes.

Une soixantaine d'années plus tard le père Kircher inventait la lanterne magique qui est le premier des appareils de projection et le plus simple de tous. Il est composé essentiellement d'une caisse de fer-blanc ouvrant à l'arrière ou sur le côté au moyen d'une porte, sur le dessus par une cheminée, tandis que le fond est percé de trous permettant le renouvellement

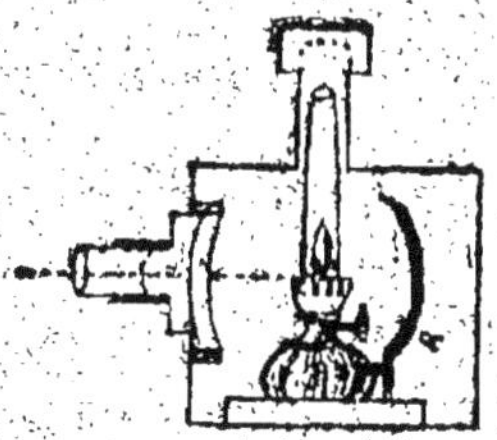

Fig. 1.
Lanterne magique

de l'air dans cette cage de fer. A l'avant est un trou rond dans lequel s'enchâsse le système optique. Celui-ci est constitué par un condensateur C, une glissière métallique V dans laquelle se passent les vues et de deux tubes glissant l'un dans l'autre pour permettre la mise au point. Le tube mobile (*m*) est garni à l'avant d'une lentille.

Dans l'intérieur de la caisse métallique se loge une lampe derrière laquelle est un réflecteur R.

La lumière est renvoyée à travers le condensateur par le réflecteur, qui, étant donné le bon marché de ce genre d'instrument est une simple lame recourbée de fer-blanc étamé. Une lentille concave-convexe de verre fondu (condensateur), concentre la lumière, en en augmentant l'intensité, sur la vue. La lentille convergente qui ferme l'orifice du tube (*m*) en donne une image *réelle, renversée* et *amplifiée* qui se dessine sur l'écran à un grossissement d'autant plus considérable que cet écran est plus éloigné de la lentille.

Le grossissement est lié également à la longueur focale de la lentille qui donnera des images proportionnellement plus grandes à son foyer pour un égal éloignement de l'écran.

L'écran est constitué par une simple feuille de carton blanc, par une toile blanche, par un mur uni et blanc.

L'image, avons-nous dit, est *renversée*, c'est

pourquoi l'on doit passer les vues la tête en bas pour les voir dans leur véritable sens sur l'écran.

C'est cette lanterne magique, jadis instrument de physique utilisé par les savants bien plus que par les profanes et aujourd'hui simple jouet destiné à l'amusement des enfants, qui est la mère de la lanterne d'agrandissement et de projection et de l'appareil de projection cinématographique.

CHAPITRE II

La lanterne de projection

La lanterne de projection est une lanterne magique perfectionnée, améliorée, permettant des grossissements considérables. On est parvenu à ce résultat en construisant le corps de la lanterne avec des matières beaucoup plus rigides, en assurant une ventilation plus parfaite de cette cage de lumière, une étanchéité plus complète aux rayons lumineux.

Ensuite on a pensé que pour avoir d'excellents résultats, il fallait soigner la partie optique pour éviter les déformations.

De plus, une simple lampe donnant une lueur équivalente à celle d'une bougie ne pouvait permettre des agrandissements de dix, de vingt ou de cent diamètres.

On substitua donc tout d'abord à la lampe à faible lumière, une lampe à pétrole à bec rond de 18 ou 20 lignes, puis on augmenta encore la grosseur du bec. Ensuite on voulut doubler la

force d'une telle lampe et l'on fit les lampes à
mèches plates à deux, trois ou quatre mèches,
et quand on put arriver ainsi à 50 ou 60 bougies on trouva cette lumière insuffisante et ce
furent alors l'électricité, la combustion de l'hydrogène activé par un jet d'oxygène, les lampes à
incandescence par manchon : alcool, essence ou
gaz, puis les lumières oxyéthériques ou oxy-acé-
tiléniques.

C'est ainsi que la petite lanterne magique est
devenue la lanterne de projection, l'auxiliaire obli-
gatoire du conférencier.

§ 1er. — *Quelques types de lanternes de projection.* — En donnant la description de la lanterne magique, nous avons donné celle de la lanterne de
projection. D'autre part, dans le Manuel du Photographe amateur, nous avons donné le schéma
et la théorie de la lanterne de projection. Nous
n'y reviendrons pas. Mais nous allons indiquer
quelques-uns des modèles les plus remarquables
existant dans le commerce.

La lanterne télescopique L. Ganmont (125 à
155 francs) permet les petits et les grands, grossissements par son développement par deux tubes
rentrants, dont on voit la gravure ci-contre.

Tous les noms mythologiques : Centaure, Cyclope,
Hercule, Cupidon (que sais-je encore ?) ont été
utilisés au baptême des lanternes de projection.

La Jupiter, la Duplex, la Scola DMR les ac-
compagnent. Cette dernière est le type de la
lanterne bon marché, et si elle permet la pro-

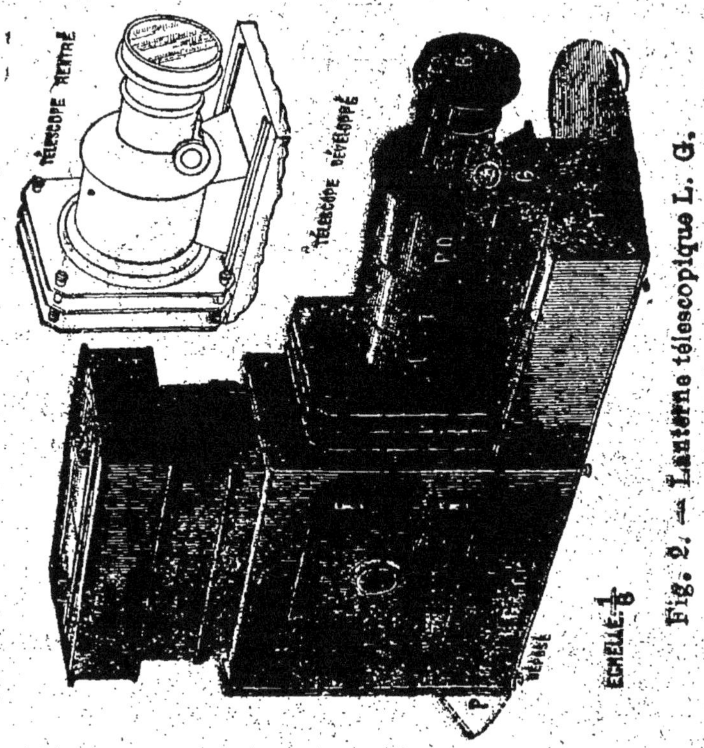

Fig. 2. — Lanterne télescopique L. G.

jection, elle ne convient pas à l'agrandissement
(de 25 à 35 francs.)

Je dirai un mot d'une lanterne qui a fait
maintenant ses preuves; c'est la lanterne *Tour-*

nesol, de M. A. Dillemann, qui, au lieu du châssis
va-et-vient, utilise un châssis rotatif permettant

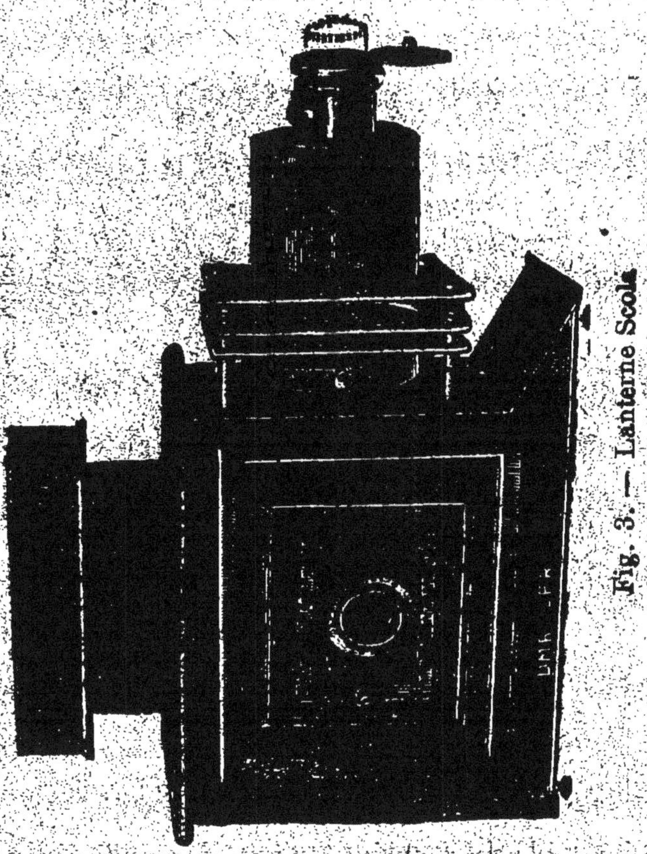

de substituer avec bien plus de rapidité une
vue à une autre. Le cliché est engagé dans

une fenêtre au pied de l'appareil et se ramène après projection au point de départ.

Fig. 4. — Lanterne Tournesol-Dilleman.

On fera bien de toujours préférer la lanterne qui permet à la fois la projection et l'agrandissement, c'est-à-dire celle suffisamment étanche à la lumière et à objectif d'assez bonne qualité pour permettre une netteté égale sur toute la surface projetée : la finesse des projections et le plaisir du spectateur en seront singulièrement accrus.

§ 2. *L'optique de la lanterne de projection*. — La partie optique est l'une des choses les plus importantes dans une lanterne de projection. Elle se compose de deux instruments : le condensateur et l'objectif.

a) le condensateur.

Le premier est, suivant de nombreux praticiens, un objet de luxe, qu'on pourrait laisser de côté sans inconvénient. Pour faire des agrandissements, on peut très bien se contenter d'interposer entre la source lumineuse et l'objectif un verre douci. Mais la lumière est alors peu intense et serait très insuffisante pour une projection. En réalité, en projection le condensateur est *indispensable* car il concentre la lumière sur le cliché et en augmente considérablement l'intensité.

Fig. 5.— Condensateur simple
1 Concave-convexe
2 Plan-convexe

Le condensateur est constitué par une lentille concave-convexe ou plutôt plan convexe (fig. 5). Cette lentille non achromatique produisant des balos et d'autres défectuosités n'est plus utilisée seule si ce n'est dans les lanternes magiques bon marché. Pour les lanternes de projection on préfère les condensateurs doubles (fig. 6) formés de deux lentilles simples, serties dans un cylindre de cuivre ou de fer percé de deux trous pour donner de l'air et diminuer la chaleur entre les deux lentilles et

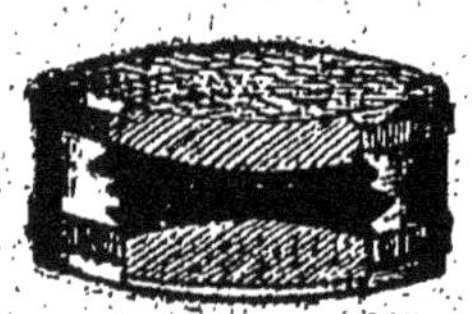

Fig. 6.

Condensateur double

en éviter le bris trop fréquent.

On supprime ainsi une partie des défauts des lentilles simples. Un opticien est arrivé à faire des condensateurs achromatiques sans collage des éléments de chaque couple de lentilles. Au moyen de deux ménisques de verre flint et glass convenablement choisis comme épaisseurs et formes et absolument centrés, il réalise cet achromatisme parfait. Mais tandis que d'ordinaire les deux éléments A et B, l'un en verre plombeux et l'autre en verre potassique sans plomb, sont réunis au moyen d'une colle de baume de Canada — qui ne pourrait supporter la chaleur de la lanterne sans se décoller et se détériorer, ici les deux éléments sont étroitement appliqués l'un

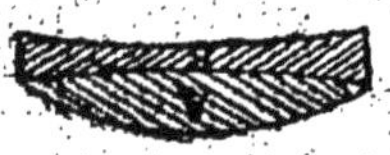

Fig. 7. — Condensateur achromatique.

contre l'autre et une simple lame métallique isolée par une bande de caoutchouc ou de drap les maintient serrés.

b) objectif.

Ce que nous venons de dire du condensateur s'applique — avec moins de rigueur pourtant, à l'objectif. Les lentilles achromatiques peuvent s'échauffer, s'altérer pour cette raison et être rapidement mises hors d'usage.

Dans l'agrandissement, on évite cet inconvénient en ne prolongeant pas trop les séances lorsqu'on utilise des objectifs ordinaires collés.

Dans les projections, on utilise des objectifs à très grande ouverture non collés.

Dans le cinématographe et dans les séances de projection, on se sert de cuve à eau pour arrêter la chaleur avant qu'elle ne frappe le cliché.

Les objectifs ordinaires seront rarement utilisés pour l'agrandissement au moyen d'une lanterne à lumière artificielle. En effet : 1° ils ne transmettent pas une lumière assez vive et exigent une pose beaucoup trop longue ;

2° Ils sont, en général, de foyer trop long ;

3° Et enfin, ils risquent de s'altérer sous l'action de la chaleur qui, quoique beaucoup plus faible qu'au condensateur, pourrait faire jaunir le baume du Canada du collage ou y faire naître des bulles d'air.

On leur préfère des objectifs spéciaux, que je vais décrire.

Ces objectifs sont des objectifs doubles, dits aussi objectifs à portraits ou objectifs Petzval. Car, le premier qui ait donné les calculs d'optique permettant la construction de ces objectifs, est Petzval. La caractéristique en est une ouverture considérable $\frac{f}{2}$ ou $\frac{f}{3}$. Or, au début de la photographie, la prise des clichés demandait des minutes et quelquefois des 1/4 d'heure ; il était indispensable d'avoir des objectifs d'une ouverture considérable pour le portrait ; de là, le nom d'objectifs à portraits. Les surfaces sensibles ayant été perfectionnées et rendues bien plus rapides, ces objectifs qui ne donnaient de netteté qu'au centre, furent abandonnés et utilisés uniquement pour la

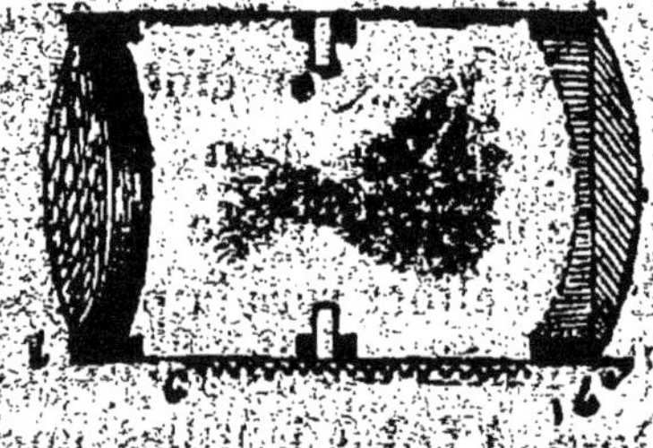

Fig. 8. — Schéma de l'optique Petzval

c Crémaillière. l Lentille à 2 ménisques séparés par de l'air. l' Lentille à 2 ménisques adhérents. e Place des diaphragmes.

projection. Le défaut de netteté au-delà du centre, fut supprimé en grande partie, et même au moyen du diaphragme, il peut disparaître complètement.

La construction de cet objectif, dont le schéma ci-dessus indique bien la constitution optique, est un peu plus compliquée dans la réalité. Le tube porte-lentilles est monté sur un autre tube et, au moyen d'une clef à pignon actionnant le tube et engrenant sur la crémaillère C, on peut avancer l'objectif sans avoir à toucher à la chambre noire ou au tube de la lanterne. L'objectif a alors l'aspect que nous donnons dans la figure 9.

Fig. 9.
Objectif de projection

Au lieu d'une simple combinaison achromatisée, plusieurs opticiens ont cherché à faire encore mieux, et ce sont les nécessités d'obtenir des images les plus nettes possible, malgré un agrandissement considérable comme cela arrive dans le cinématographe, où l'on a des agrandissements de 5o à 25o fois, qui a poussé certains fabricants à faire cet effort vers la perfection. Je remarque l'objectif anastigmatique « Orbi », de M. Jean Rose, à f/3 à lentilles non collées, comme étant l'un des types de cette fabrication parfaite.

Dans une lanterne de projection, que ce soit pour vues simples ou pour vues animées (cinématographe), la marche des rayons lumineux sera toujours identique. Nous donnons le schéma de la marche de ces rayons dans la figure 10, ci-après. Ceci vaudra mieux qu'une longue explication.

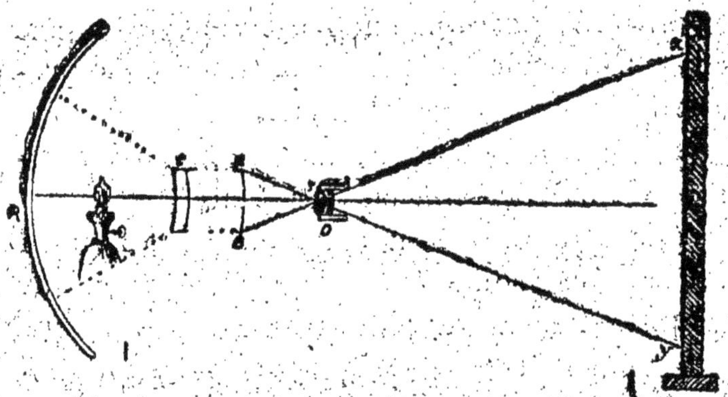

Fig. 10. — Marche des Rayons

Complétons toutefois ce dessin par quelques explications : Il est nécessaire pour obtenir le maximum de lumière et de grossissement d'utiliser des objectifs à court foyer. En effet, admettons que l'objectif O soit d'un foyer double de celui qu'il a, son grossissement sera deux fois moindre, et comme la distance, pour obtenir avec un tel objectif la même image X y sera double, la puissance lumineuse sera [« inversement proportionnelle au carré des distances » $(2 \times 2 =)$] 4 fois moindre. Tous les objectifs à projection sont établis en conséquence et c'est la raison pour laquelle il faut toujours préférer, pour faire de l'agrandissement à la lanterne, un objectif spécial (même bon marché — pourvu qu'il se diaphragme) à un objectif ordinaire (même supérieur comme fini et comme qualité).

§ 3. — *L'éclairage en projection.* — A côté de la construction optique de la lanterne de projection, il y a sa partie éclairante.

Dans la cage de tôle que mettra-t-on pour fournir cette lumière artificielle nécessaire ?

L'éclairage pour toute lanterne de projection peut être emprunté à un des procédés les plus courants ou à d'autres plus savants :

C'est ainsi que la lampe à pétrole qui est l'éclairage le plus économique est aussi celui qui donne le minimum de lumière. On peut, pour une séance de projection en famille, en n'éloignant pas la lanterne de l'écran de plus de deux mètres, voir quelque chose avec une lanterne à pétrole à bec rond de 14 ou 18 lignes, et cette lumière étant fixe conviendra bien pour l'agrandissement. Mais on préfère, comme donnant plus d'intensité, la lampe à plusieurs mèches plates.

La difficulté du réglage exact de ces trois mèches, qui doivent être montées au même niveau, donner la même lumière (c'est-à-dire le maximum possible sans qu'elles fument), et aussi la faible luminosité relative de ces lampes leur ont fait préférer d'autres systèmes.

Fig. 11.

Lampe à 3 mèches

L'éclairage électrique a été ensuite adopté, et dans ce cas, on utilise une lampe à incandescence qui peut donner 5o à 100 bougies (lampes focus de 5o à 100 bougies et toute autre lampe à filaments métalliques).

On préfère pourtant la lampe à arc qui permet d'obtenir une lumière en général plus intense. Citons parmi les modèles connus la Fulgur, la Nerst (de 1/2, 1 ampère et 1 amp. 3 et produisant 48, 65 ou 125 bougies), la Stella (de 15 à 25 ampères), la Comète (de 3 ampères et 200 bougies environ).

L'avantage de l'éclairage électrique est très

grand quand on est dans une localité éclairée à l'électricité ou que l'on peut se procurer un courant suffisant.

Fig. 12.

Lampe à arc

L'éclairage par incandescence a l'avantage de fournir une chaleur moindre et d'exiger moins de surveillance que la lampe à arc. Mais la lumière ne peut pas augmenter beaucoup au-delà de 100 bougies. Tout le monde ne pouvant faire son électricité ou l'avoir, on a employé d'autres systèmes d'éclairage : les procédés d'incandescence : 1° par le gaz (qui n'est guère recommandable du reste); 2° par l'alcool. Cette méthode a donné des résultats fort remarquables. On obtient trois fois autant de lumière qu'avec le gaz et la sécurité est très grande, surtout avec les lampes à réservoir indépendant (lampe Sol). Les lampes Radia et Siris sont formées d'un seul instrument comprenant le réservoir d'alcool, le bec et le manchon incandescent. En outre, pour amener l'alcool en contact avec le manchon, un double ballon permet d'insuffler de l'air chargé de vapeurs d'alcool jusqu'au niveau de la toile incandescente ; 3° par le pétrole : On a fait aussi des lampes à incandescence au pétrole qui ne sont pas plus dangereuses

que la lampe à alcool, mais donnent une lumière
plus intense. En effet, les lampes à alcool donnent

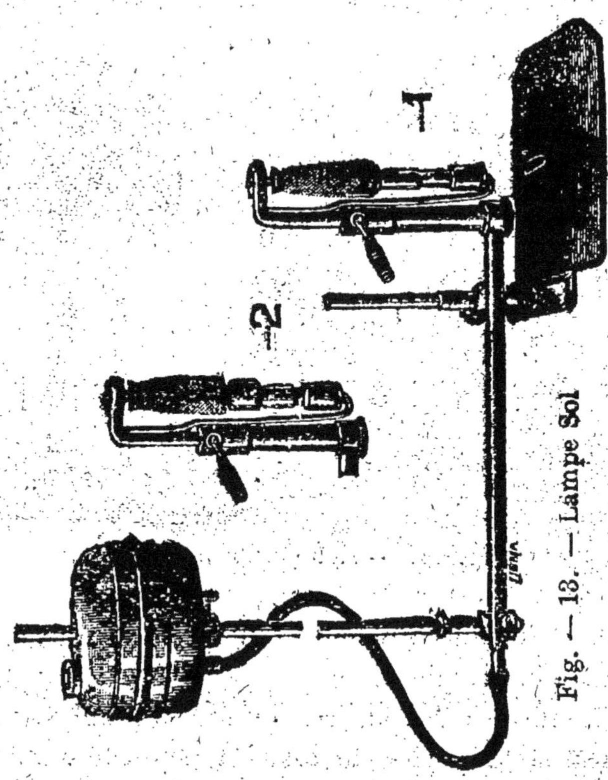

Fig. — 13. — Lampe Sol

de 100 à 150 bougies et la lampe à pétrole « Sun
D. M. R. » donne 350 bougies.

La simplicité et la perfection données par les
lampes à incandescence par l'alcool, le pétrole et
l'électricité, n'a pas empêché l'acétylène de se

proposer et d'être accepté par quelques-uns. Sa
belle lumière et son prix réduit en sont cause.
Mais son odeur désagréable, les dangers d'explo-

Fig. 14. — Lampe Siris D. M. R.

sion qu'il fait risquer lui font préférer souvent les
autres éclairages.

Le dirai-je ? Tous ces procédés simples, pratiques, à la portée de tous et peu coûteux, sont
détrônés dans les conférences et séances avec projections par des méthodes bien plus difficultueu-
ses, bien plus dangereuses aussi, mais qui sont
devenues classiques : Ce sont les procédés d'éclairage par combustion dans l'oxygène : oxhydrique,
oxyéthérique, oxycalcique, oxyalcool.

La lumière d'un corps brûlant dans l'oxygène est toujours bien plus vive que lorsqu'elle s'effectue dans le mélange d'oxygène et d'azote qui constitue notre air respirable. Cela se conçoit assez facilement, la combustion étant alors beaucoup plus rapide et la quantité de combustible consumé en un temps déterminé beaucoup plus grande.

En brûlant de l'hydrogène ou du gaz d'éclairage dans l'oxygène, on aura la lumière oxhydrique qui donnera aisément 200 bougies d'éclairement. On obtiendra un résultat peut-être meilleur en substituant au gaz hydrogène de l'éther ou de l'alcool en vapeurs. Ce seront les lumières oxy-éthérique ou oxy-alcool.

Si, à l'endroit où le gaz d'hydrogène, d'éther ou d'alcool s'enflamme on met un bâton de chaux, de magnésie, de kaolin, de zircone ou d'yttria, on doublera la lumière qui deviendra d'une blancheur éblouissante. On obtient cette lumière à l'aide d'un chalumeau dans lequel par deux tubes séparés arrivent les gaz combustibles et comburants (O et H) sur un crayon de terre spéciale.

Le gaz s'enflamme au moment de sa combinaison avec l'oxygène et porte le crayon de chaux au blanc. Les matières qui servent à cet usage sont livrées dans le commerce en tubes (oxygène, hydrogène), en bidons (gazoline, éther, alcool) et bonbonnes. — Pour celui qui use beaucoup de ces méthodes, il peut y avoir intérêt à produire lui-même son oxygène et à acquérir un générateur d'oxygène qui n'exige aucune connaissance chimique spéciale. Le chimiste Jambert a découvert certains corps, les peroxydes de sodium et de potassium, qui fixent l'oxygène à haute dose. Il prépare des pains ou des pierres qui contiennent une quantité considérable d'oxygène, mais qui l'abandonnent sous l'action de l'eau. Un grand nombre de persels sont dans ce cas, par exemple les perborates, les persulfates. Mais le produit Jaubert, l'oxylite, dégage une quantité considérable d'oxygène (1 kilogr. d'oxylite valant environ 6 francs, donne près de 200 litres d'oxygène). Notons que l'oxygène en tube sous pression vaut de 8 à 10 francs le mètre cube, soit 3 fois moins.

Un autre gaz est venu s'ajouter, il y a quelques années, à l'alcool, à l'éther, à la gazoline et à l'hydrogène, c'est l'acétylène. On a songé à l'employer non plus à son état naturel, où il est du reste fort brillant, mais à le faire brûler sur une substance spéciale qui quintuple son pouvoir éclairant en le combinant avec l'oxygène. J'ai dit que la pastille sur laquelle se faisait la combustion était *spéciale*; en effet, le bâton de chaux utilisé dans la lumière oxhydrique noircit à l'acétylène et ne passe pas au blanc, mais la Zircone ou l'Yttria se comportent admirablement et donnent un éclairage parfait.

La combinaison des deux gaz se fait avant l'arrivée sur la pastille contrairement à ce qui se passe dans les autres éclairages oxygénés.

De nombreux constructeurs ont fait les appareils nécessaires pour ce genre d'éclairage comprenant notamment :

1° Un générateur dégageant les deux gaz (gazomètre double) ;

2° Un projecteur.

Les maisons Pathé frères, Alexandre, Bonas (lampe oxythor), Bénard, Compagnie Universelle, ont lancé des appareils complets pour ce dispositif d'éclairage puissant et économique.

L'éclairage peut donc être choisi parmi celui qui semblera le plus pratique pour le lieu et la nature de la séance de projection.

§ 4. *Accessoires*. — Certains accessoires seront nécessaires pour obtenir un changement assez rapide des vues. Le châssis qui présente la positive doit permettre de changer le cliché exposé le premier, tandis que le second est projeté sur l'écran. Pour cela, il faut toujours être aidé par un second connaissant bien le maniement de la lanterne et avoir un châssis à changement rapide des plaques. Ce châssis, qu'on appelle châssis « Va-et-vient », permet d'exposer la plaque A et de changer en même temps la plaque B. De sorte qu'une conférence n'a pas d'interruption dans l'exposition des plaques.

Il faut à peine dix secondes pour changer la plaque et ramener la case qui vient d'être exposée pour changer son cliché. Il n'y a d'obscurité sur l'écran que pendant un temps très court, à peine une demi-seconde ; le temps de tirer le châssis à droite ou à gauche.

Enfin, pour compléter le matériel proprement dit du projectionniste, il est nécessaire d'avoir un écran. L'écran est une surface blanche sur laquelle l'image projetée se reproduira avec autant de finesse que possible. Un simple mur plâtré pourra constituer un écran. Mais, en général, on préfère un écran mobile, constitué par un grand cadre de bois sur lequel est tendue une toile préparée à la colle et recouverte d'une peinture blanche. On utilise aussi une sorte de drap de calicot qu'on tend sur une corde ou qu'on accroche à un bâton muni de pitons.

§ 5. *Dispositifs pour projecteurs.* — Le système préféré des conférenciers est l'utilisation d'une grande toile de calicot tendue sur un châssis de bois et bien mouillée. La toile est posée devant la table qu'occupe le projectionniste et à quelques mètres en avant. Le conférencier se tient à côté de la toile et peut, avec une baguette, montrer sur la vue les points qu'il tient à mettre en vedette. Les auditeurs et spectateurs sont en avant. De cette

façon on voit les projections sans savoir où se
trouvent et ce que font les aides du conférencier.

J'indique dans le schéma ci-dessous (fig. 15),
le dispositif adopté dans ce cas.

Fig. 15. — Châssis va-et-vient

Lorsque la disposition des lieux ne permet pas
cette installation, et notamment lorsque la salle
est trop petite, on est obligé de rejeter la projection par transparence et utiliser la réflexion sur
une surface préparée. Dans ce cas, les spectateurs
sont rangés dans la partie avant de la salle et en
face d'eux, à deux mètres du premier rang, on
place l'écran, à côté duquel, sur une table, se tient
le conférencier, qui est obligé pour lire ses notes
de s'éclairer avec une petite lampe Pigeon qui, au
moyen d'un abat-jour, projette sa lumière sur les
feuillets du lecteur. Le projectionniste est à l'extrémité de la pièce, derrière et au-dessus des specta-
tateurs et c'est au-dessus de leur tête qu'il envoie
ses projections.

Dans la fig. 16, nous indiquons le dispositif de la salle dans ce cas.

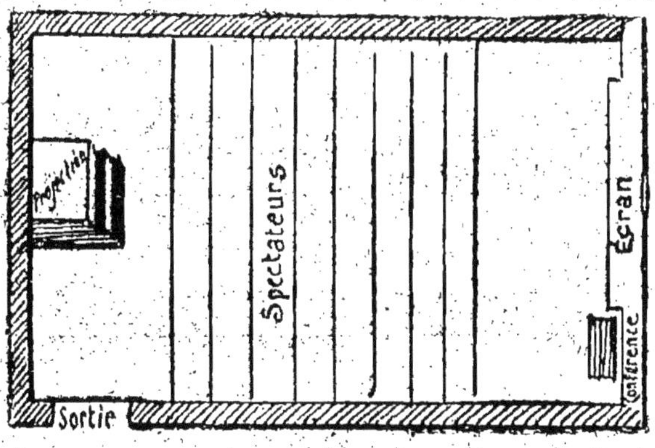

Fig. 16

Ce dernier système convient très bien pour une salle petite ou pour des projections à grande échelle.

Mais il faut que l'objectif de la lanterne soit à 1^m80 au-dessus du sol, pour le moins, et encore quand la mode des hauts chapeaux de dames ne sévit pas.

CHAPITRE III

Clichés des Projections [1]

§ 1er — Dans notre Manuel du Photographe amateur, nous avons indiqué les diverses méthodes usitées pour la confection des positives et dans notre traité « les positives pour projections », nous avons donné des indications encore plus complètes pour obtenir à coup sûr de bons résultats.

Nous allons résumer en quelques mots l'indication des diverses méthodes utilisées pour obtenir des positives sur verre.

On peut obtenir *le bleu franc* au moyen d'un verre gélatiné, sensibilisé à la solution de ferro-prussiate à une concentration plus grande que pour les papiers; *le noir* par les positives au gélatino-bromure, au collodion, à l'albumine; *le brun sépia* et les *teintes photographiques*, par

---

[1] Pour avoir des renseignements plus complets sur la confection des positives, lire notre ouvrage : *Les Positives pour projections*, volume de la collection de *Photorevue*, à 0 fr. 60, Charles Mendel, éditeur à Paris.

3

les plaques au citrate Lumière et aussi par les plaques lentes au gélatino-chlorure qui donnent toutes les nuances : du noir brun au rouge sanguin, en passant par le bleu, le vert, etc. Mais pour cela, il faut que la pose soit augmentée considérablement.

On obtient aussi une tendance au bleu et au violet par l'emploi du révélateur Specta, de Mercier. On aura par les virages aux ferri-cyanures, d'urane, de fer et de cuivre des tons *rouges, bruns, bleus et verts*.

Au moyen du procédé au charbon, on aura toutes les nuances désirées.

Voici encore une méthode que je recommande et qui est basée sur la phototypie :

Une plaque de verre est gélatinée avec une solution de gélatine à 6 °/₀ additionnée de 1 °/₀ de gélatine barytée (ivoirine). On peut, si l'on ne veut pas avoir une légère teinte opalescente, supprimer cette ivoirine. Mais on devra opérer à une température uniforme de 30 à 35° la dessiccation, après la sensibilisation, qui se fera dans un bain à 3 °/₀ de bichromate alcalin (de soude ou de potasse). La couche jaune ainsi obtenue sera très sensible et la mise en châssis devra se faire dans une demi-obscurité.

Quand l'image faite avec le *négatif* sera à point, et que l'on saura par les indications du photomètre ou par un témoin sur papier, qu'on tirera sous un cliché de même intensité que celui à faire en positive, on procédera par lavages à l'eau claire à l'élimination du bichromate. Un lavage de deux heures, à l'abri de la lumière, est nécessaire pour cela. La glace, égouttée un instant, est traitée à l'encre grasse ou à l'huile, par le rouleau ou au tampon, ou au pinceau comme une planche phototypique ou une épreuve à l'huile. On obtient ainsi une image à l'encre grasse inaltérable et qui, si les couleurs sont bien choisies, donne toutes les graduations de tons par transparence. Toutes les couleurs ne conviennent pas, toutes les encres n'ont pas la même limpidité voulue. Mais avec presque toutes on peut obtenir la transparence exactement désirée : il suffit de les diluer au vernis moyen.

Ces positives sur verres sont d'une inaltérabilité très grande. Aussi conseillons-nous vivement cette méthode.

Quand l'encre ou l'huile grasse est bien sèche on vernit l'image avec un vernis au collodion :

Fulmi-coton............................	3 gr.
Ether	50 cm³
Alcool..................................	50 cm³
Huile de ricin	2 gr.

ou avec un vernis au celluloïd.

§ 2. *Hydrotypie.* — Si l'on voulait utiliser

un positif au lieu d'un négatif avec la plaque gélatinée et bichromatée, on pourrait obtenir néanmoins une positive en couleurs variées par la méthode indiquée par Charles Cros, il y a fort longtemps. La glace bien lavée et dépouillée de tout bichromate est plongée dans un bain de teinture appropriée. Le bleu d'aniline, la fuchsine, le noir platine M, et la plupart des matières colorantes dites d'aniline conviennent bien. Les couleurs à base d'anthracène, plus solides que celles d'aniline, conviennent mieux. La dose de colorant à employer varie suivant le colorant de 1 à 4 o/o. Ainsi avec le noir de platine il faut un bain de 1 o/o. Quand l'intensité colorée est très grande, on peut la réduire, par un rinçage, prolongé d'autant plus que la réduction devra être plus considérable. Quand il y a trop faible coloration, on la renforcera en plongeant la positive dans le bain colorant, rendu plus riche en couleur.

Les couleurs ainsi obtenues ne sont pas très résistantes à la lumière. Aussi croyons-nous qu'il est possible d'obtenir une image fort stable par un dépôt métallique.

Au lieu des bains ci-dessus, on peut se servir d'une solution de sulfate de manganèse qui imprègne bien les parties solubles de gélatine et qu'on y décompose à l'aide d'un mélange de potasse caustique et chlorure de chaux :

Eau......................................	100 gr.
Potasse caustique.....................	1 gr.
Clorure de chaux	3 gr.

qui donne dans les noirs un précipité de péroxyde de manganèse bien noir. On obtient un résultat identique en employant le bain

Eau......................................	100 cm³
Carbonate de soude..................	20 gr.
Chlorure de chaux	5 gr.

qui attaque moins la gélatine.

On peut de même obtenir des précipités assez stables de plomb, de cuivre, de fer d'étain, etc. Pour cela on fait absorber le sel soluble A par la gélatine non insolée et on en précipite l'oxyde ou le métal par une autre solution B.

Fer :

A	Eau..	100 cm³
	Sulfate de fer........................	5 gr.
B	Eau..	100 cm³
	Soude caustique.....................	3 gr.

Procédé à l'étain :

A	Eau..	100 cm³
	Chlorure d'étain..................... }	10 gr.
	ou Stannate sodique.............. }	
B	Eau saturée d'hydrogène........	100 cm³
	Sulfure..................................	1 gr.

On obtient une image jaune-brun qui après

— 38 —

rinçage à l'eau claire peut être viré à l'or par une simple solution faible de chlorure d'or.

Procédé au plomb (Image jaune d'or) :

A { Eau...................................... 100 cm³
    Acétate ou azotate de plomb.... 10 gr.

B { Eau...................................... 100 cm³
    Chromate de potasse............... 5 gr.

qu'on peut virer au noir par une solution de sulfure de potassium.

Procédé au cuivre :

A { Eau...................................... 100 cm³
    Sulfate de cuivre.................... 8 gr.

B { Eau...................................... 100 cm³
    Potasse ou soude caustique.... 5 gr.

L'oxyde vert-brun ainsi obtenu ne donne pas des épreuves stables.

Les procédés au manganèse, au fer, à l'étain et au plomb donnent des épreuves assez résistantes.

Faute de temps, je n'ai pu poursuivre très loin ces recherches ; néanmoins, je crois qu'il y a des procédés à ajouter à ceux-ci. Ainsi voici quelques sels qui donnent des résultats :

Sulfate de zinc 5 0/0.	Bichromate.	Image jaune.
Chlorure d'or 1 0/0.	Protochlorure d'étain.	— rouge pourpre.
Azotate d'argent 1 0/0.	Révélateur ou Sulfate ferreux.	— noire.
Sulfate de cuivre 5 0/0.	Bichromate de potasse.	Vert émeraude.
— —	Phosphate de soude.	Vert foncé.
	Ferrocyanure de potasse.	Rouge brun.
Bisulfate de bismuth 5 0/0	Iodure de potassium.	Orangé.

Chlorure de cadmium.	Sulfure alcalin.	Orangé virant au rouge chamois par la chaleur.
Azotate de cobalt.	Chromate alcalin.	Brun-rouge.
—	Sulfure alcalin.	Noir.
—	Carbonate de potasse.	Bleu.
Sulfate de fer.	Ferricyanure.	Bleu.
—	Ferrocyanure.	Bleu.
Azotate d'urane.	—	Brun rouge.
—	Noix de galle.	Chocolat.

Combien d'autres peuvent y être ajoutés.

Des épreuves obtenues par l'hydrotypie sur plaques peuvent être pelliculées et superposées pour obtenir des épreuves en couleurs au moyen de trois clichés.

§ 3. — Si l'on veut utiliser pour l'obtention des positives sur verre des procédés plus courants, plus simples aussi parce qu'ils n'exigent pas de préparations chimiques, on aura recours aux plaques existant dans le commerce : Plaques au gélatino-bromure, au gélatino-chlorate, au citrate d'argent. Nous allons voir en quelques mots comment on pourra d'un cliché négatif obtenir la positive à projeter avec ces trois genres de plaques et les apprêts à leur faire subir pour les rendre parfaites pour la projection.

§ 4. — *Plaques au gélatino-bromure.* — Les plaques vendues pour les négatifs pourraient à la rigueur donner des positives, mais des positives dont le ton gris ne pourrait réjouir une assistance. De plus, ces plaques donnent difficilement des blancs purs et à moins d'impossibilité absolue de se procurer des plaques spéciales pour positifs et seulement en cas d'urgence, on se servira des plaques négatives. On utilisera les moins rapides : les rouges de Lumière, les anciennes « parfaites » de Guilleminot, les roses de Jougla, les bleues de Grieshaber.

On préférera donc les plaques spéciales pour positifs. En voici une énumération ne comprenant que des marques de qualité supérieure et qui à l'essai et à l'usage m'ont donné d'excellents résultats :

Marque GUILLEMINOT : Lactate tons noirs.

— LUMIÈRE : Plaques positives tons noirs.

— JOUGLA : Plaques positives tons noirs.

— GRIESHABER : As-de-Trèfle positives tons noirs.

— — Variéta.

— CLAUDINE : Positifs tons noirs.

Marques étrangères :

CADETT : Royal Standard positives.

EDWARDS : Cristal positives rapides.

ILFORD : Positives noires.

PAGET PRIZE à tons noirs.

Pellicules PIN à tons noirs.

Ces dernières demandent à être collées entre deux verres et sont fabriquées par une maison française (E. PIN, successeur de LAMY.)

Tirage. — Quelle que soit la marque, on utilisera non la lumière du jour, trop intense et trop variable, mais celle d'une bougie, d'une lampe Pigeon ou d'une lampe électrique de cinq bougies. On s'enfermera dans le cabinet noir, on chargera le châssis à la lumière rouge en mettant le cliché négatif et la plaque positive gélatine contre gélatine. Une bonne précaution pour obtenir la pureté absolue des blancs est celle qui consiste à border le négatif d'une bande très mince de papier noir, ce qui évite la diffusion de la lumière par la tranche du verre. Cette précaution peut être avantageusement remplacée par une autre bien plus simple. On fabrique du collodion rouge rubis en faisant dissoudre 1 gr. de fuchsine ou de rouge ponceau dans 100 cm³ de collodion ou dans du vernis celluloïd à l'acétate d'amyle et on en recouvre les tranches du cliché. Après séchage, le cliché pourra être tiré avec bien plus de brillant que dans son état naturel.

Temps de pose. — Le temps de pose varie suivant la distance de la source lumineuse, la nature de la plaque et la limpidité du cliché. Nous avons fait une étude très complète de ces temps de pose pour les principales plaques dans l'ouvrage précité, et nous y renvoyons le lecteur.

A titre d'indication disons qu'avec un cliché limpide à 20ᶜᵐ d'une lampe Pigeon et avec les plaques ci-dessus, il faudra de 45 à 60 secondes. Ce temps pourra être modifié suivant l'ancienneté des plaques, l'endroit où elles ont été conservées et aussi la sensibilité de l'émulsion qui varie un peu. Il sera donc toujours bon de tâter la première plaque d'une émulsion en posant le temps sus-indiqué en usant de vieux bain pour commencer.

A cette distance de 20 cent. on obtiendra un bon positif si le cliché est bon ; mais s'il est faible, se mettre à 40 cent. et poser 4 fois plus : on obtiendra ainsi plus de contrastes.

Développement. — La plaque retirée du châssis sera, toujours dans le cabinet noir à la lumière rouge ou verte, plongée dans une cuvette et recouverte de révélateur : se servir d'un bain à l'hydroquinone usagé dont la formule est rapportée ici et dont je me sers avec succès depuis 25 ans. On peut se servir aussi du révélateur au dianidophénol acide, dont la formule est également rapportée.

Révélateur à l'hydroquinone :

Eau	100ᶜᵐˢ
Carbonate de soude	15 gr.
Sulfite de soude	7 gr. 5
Hydroquinone	1 gr.
Éosine, de quoi colorer en rose (gros comme un petit grain de millet)	

Ce révélateur est trop actif quand il est neuf pour les positives et dans ce cas on devra y mettre 1 gr. de bromure de potassium.

Révélateur amidol bisulfité :

    Eau............................... 100 cm³
    Bisulfite de soude................. 4 cm³
    Sulfite de soude crist............. 1 gr.
    Amidol............................. 1 gr.

La plaque est poussée jusqu'à ce que l'image soit parfaitement dessinée au dos (côté du verre). Car elle baisse au fixage.

Si pendant le développement elle grisait avant de prendre de l'intensité, la retirer du révélateur et la plonger dans une cuvette d'eau, contenant une pincée de bromure. Faire monter alors l'image avec du bain ajouté à cette solution de bromure.

Fixage.— On fixe en laissant pendant quelques minutes dans le bain :

    Eau............................... 100 cm³
    Hyposulfite de soude............... 15 gr.
    Bisulfite de soude................. 1 cm³
    Alun de chrome..................... 0 gr. 3 (une pincée)

On retire quand toute trace laiteuse a disparu au dos de la plaque.

Bain de clarification. — Lorsque la plaque est fixée, on la rince à deux ou trois eaux puis on l'examine par transparence et si les grands blancs sont laiteux, ou si un léger voile l'obs-

curcit, on la traite par un bain de clarification
qu'on forme en mettant trois gouttes du bain B
ci-après dans le bain A de façon à obtenir un
bain jaune pâle, qui s'altérant en quelques minutes doit être préparé au moment de s'en servir. Il pourra du reste servir plusieurs fois en y
ajoutant chaque fois du bain B.

Bain A { Eau...................................... 100$^{cm^3}$
         Hyposulfite de soude....... 10 gr.
Bain B { Eau..................................... 100 gr.
         Prussiate rouge de potasse. 2 gr.

On plonge d'un seul coup le cliché, gélatine
en dessus, dans le bain A additionné de deux
ou trois gouttes de bain B, on agite pendant
10 secondes, on retire et on examine par transparence ; si le voile a disparu on rince vivement, puis on attend quelques secondes et au
besoin on verse sur la gélatine quelques gouttes
du bain et on attend que le voile ait disparu
pour rincer très rapidement. Cette rapidité est
indispensable pour éviter que le bain ne ronge les
demi-teintes. Le bain, quoique peu actif et qu'il
faut quelquefois renforcer par addition de bain B,
permet d'obtenir des clichés d'une pureté parfaite
et tels qu'il serait impossible à préparer autrement.

Lavages. — On termine par un lavage soigné
à 10 ou 15 eaux en 3/4 d'heure. Puis séchage à l'abri de la poussière.

Les plaques ainsi traitées sont à mon avis les meilleures ; car elles donnent des tons noirs ou noirs-bruns, qu'il est facile de virer aux teintes les plus recherchées.

Les méthodes de virages sont assez nombreuses et voici les meilleures :

Brun ou sépia.

Virage par sulfuration.

Bain A blanchissant l'image :

Eau	100cc
Ferricyanure de potassium (Prussiate rouge)	0 gr. 5
Bromure de potassium	2 gr. 5
Oxalate neutre de potasse	5 gr.

Bain B, bain de virage :

Eau	100cc
Sulfure de potassium	1 gr.

Le cliché est trempé dans l'eau pendant une demi-heure pour en ramollir la gélatine et plongé ensuite dans le bain A, où il devient tout blanc.

On le rince alors à sept ou huit eaux au moins. Puis on le plonge dans le bain B où il se vire : l'image blanchie reparaissant en brun sépia. On termine par le lavage ordinaire à 10 ou 12 eaux.

Bain A¹		
	Eau	100cc
	Bichromate de potassium	3 gr.
	Chlorure de sodium	3 gr.
	Acide chlorhydrique	2cc

Ce bain blanchit l'image comme le bain A
et après les lavages soignés destinés à élimi-
ner le bichromate, on vire dans le bain B
ci-dessus. On termine par lavage à 10 ou 12
eaux ou à l'eau courante pendant une heure.

Rouge. — On peut virer les épreuves positives
sur verre au rouge au moyen de plusieurs bains
différents. Les formules au cuivre, quoique donnant des tons d'un rouge franc, fournissent des
résultats trop irréguliers et surtout des blancs
toujours trop teintés pour que je les recommande. Je préfère l'une des formules à l'u-
rane ou au sel de Schlippe que voici et je
préfère surtout l'obtention du rouge par le développement des plaques lentes (au gélatino-
chlorure.)

Formule à l'Urane.

$$
\begin{array}{l}
\text{A} \left\{
\begin{array}{ll}
\text{Eau} \dots\dots\dots\dots\dots\dots\dots\dots & 100^{\text{cm}^3} \\
\text{Azotate d'urane} \dots\dots\dots\dots & 1\ \text{gr.}
\end{array}
\right. \\
\text{B} \left\{
\begin{array}{ll}
\text{Eau} \dots\dots\dots\dots\dots\dots\dots\dots & 100^{\text{cm}^3} \\
\text{Prussiate rouge de potasse} \dots & 1\ \text{gr.}
\end{array}
\right.
\end{array}
$$

On mélange un certain nombre de centimètres cubes de A et B pour obtenir des tons rouges,
sépia et brun :

	Rouge vif	Rouge sanguine	Rouge sépia	Brun
A	25 cm³	25 cm³	25 cm³	25 cm³
B	30 cm³	20 cm³	10 cm³	2 cm³ 5
Acide acétique	20 gouttes	15 gouttes	8 gouttes	Néant

On rince vivement dans l'eau acidifiée d'acide acétique quand le ton est obtenu. Pour éviter que le ferricyanure d'urane dégorge sur les blancs, laver à deux ou trois eaux seulement en acidifiant légèrement l'eau et en ne remuant que le moins possible la cuvette ; essorer entre deux buvards non pelucheux avant de faire sécher.

Formule au sel de Schlippe.

A¹ :
- Eau..................................... 100 cm³
- Prussiate rouge de potasse......... 3 gr.
- Bromure de potassium............ 3 gr.

B¹ :
- Eau..................................... 120 cm³
- Sel de schlippe (Sulfo-antimoniate de potasse).. 1 gr.

L'image est lavée à l'eau claire puis à l'eau additionnée de trois gouttes de solution de permanganate afin d'obtenir une destruction complète de tout l'hyposulfite qui pourrait y rester, puis à deux ou trois eaux claires. On met alors la positive dans le bain A où elle disparaît ne laissant qu'une image toute blanche. Après un rinçage complet, on la traite par le bain B, qui la vire au rouge et on termine par lavage à 7 ou 8 eaux.

Vert. — La positive est plongée dans le bain A² jusqu'à ce qu'elle soit d'un beau bleu foncé. On la plonge dans le bain B² pendant une ou deux minutes suivant le vert désiré ; — plus le séjour dans le bain B² est prolongé, plus le vert est clair. On rince, puis on trempe dans une solution d'alun de potasse à 5 o/o qui éliminera le voile jaune des blancs.

Bain A² { Eau... 120cm³
Per-oxalate de fer........................... 1 gr. 2
Prussiate rouge de potasse................ 1 gr.

Bain B² { Eau.. 500 gr.
Chromate j. de potasse.................... 1 gr.

Bleu :

Bain C { Eau.. 50cm³
Chlorure de fer.............................. 5 gr.

Le cliché est plongé dans le bain pour rouge sanguine à l'urane; quand le ton obtenu est rouge sépia, on plonge, sans lavage si l'on veut, dans le bain C où on laisse la positive cinq minutes. Terminer par des lavages.

Opérer toujours à la lumière diffuse très faible et conserver les bains dans l'obscurité, ces bains de virage étant très sensibles à l'action de la lumière.

§ 5. — *Plaques au gélatino-chlorure.* — On peut obtenir tous les tons du noir au rouge par simple développement et fixage, au moyen des plaques positives par développement dites « lentes » qui sont des plaques au chlorure d'argent ou au chlorure et au bromure en combinaison.

Ce qui caractérise ces plaques, c'est leur faible

sensibilité qui permet de les développer à une lumière plus vive que les plaques rapides. Néanmoins, pour obtenir des blancs purs il faut s'éclairer à la lanterne à verre rouge ou mieux avec un verre vert assez clair et un verre jaune et s'abstenir de développer à la lueur d'une bougie ce qui est peut-être la cause des insuccès si nombreux éprouvés par les amateurs avec ces plaques. Une autre caractéristique est de donner plus dur en noir que les plaques au gélatino-bromure, de sorte que les clichés faibles ou gris peuvent donner avec ces plaques des positives excellentes en noir.

Tirage. — Il se fait avec un ruban de magnésium brûlé à 15^{cm} du châssis. La longueur de ruban brûlé donnera des tons de plus en plus chauds en augmentant cette longueur.

Par exemple, on obtiendra avec :

2^{cm} de longueur		le noir franc
3^{cm}	—	le noir brun
4^{cm}	—	le brun sépia
5^{cm}	—	le sépia-feuille morte
7^{mc}	—	le rouge sanguine
10^{cm}	—	le rouge franc.

Ces longueurs, qui conviennent à quelques plaques [1], ne conviennent pas à toutes, mais peuvent

---

[1] Consulter pour la longueur de ruban pour chaque plaque : *les Positives pour projections*. E. Mendel, éditeur.

permettre de se rendre compte de la longueur réelle à utiliser.

Développement — Les révélateurs déjà cités donneront tous les tons, mais ils devront être d'autant plus usagés ou bromurés, qu'on voudra un ton plus chaud et que l'éclairage aura été plus prolongé.

Pour les rouges le révélateur contenant quelques gouttes d'ammoniaque convient le mieux.

Fixage. — Dans le bain d'hyposulfite à 20 %. Lavage à 10 ou 12 eaux ou une heure à l'eau courante.

Diverses marques. — Les marques les plus connues sont : Lumière, Jougla, Guilleminot, Claudine, Grieshaber, Paget, Cadett et Néal, Edward, Kristal XL. — Une marque récente qui nous a donné de bons résultats est la plaque Variéta de Grieshaber, avec laquelle nous avons obtenu des tons bruns et noirs bleus délicieux.

§ 6. — *Les Plaques par noircissement direct.* Ces plaques sont peu courantes et les fabricants ne les font (et pas toujours encore) que sur commande. Les plaques au citrate d'argent qui se sont fabriquées pendant quelques mois et ne se font plus, se tiraient, viraient, fixaient comme les papiers au citrate d'argent.

Ces plaques au citrate d'argent, celles au ferro-prussiate, celles au bichromate de cuivre peuvent être préparées par l'amateur. Elles apportent un peu de diversité dans les tons des positives sur verre. On trouve ces diverses méthodes exposées dans l'ouvrage déjà cité. Le procédé au bichromate de cuivre que je vais exposer permettra d'utiliser les clichés voilés ou inutilisables, à condition qu'ils n'aient pas été formolés.

On commencera par blanchir la plaque dans le bain de chlorure de cuivre (p. 123 du Photographe Amateur) après lavage, fixage et nombreux lavages. On peut aussi dépouiller la gélatine du cliché de son argent métallique dans le bain.

Eau............................... 50cm³
Hyposulfite de soude.......... 10 gr.
Solution de prussiate rouge
de potasse à 1 o/o..... 25cm³

Quand la glace est recouverte de gélatine bien transparente, on retire du bain, qui ne peut servir qu'une fois, et on lave à 12 eaux renouvelées toutes les 5 minutes. Après séchage de cette glace, on pourra la sensibiliser dans le bain.

Eau............................... 125cm³
Bichromate de potasse..... 15 gr.
Sulfate de cuivre............ 8 gr.

La glace est plongée dans ce bain où elle séjourne 5 minutes ; on égoutte et on fait sécher à l'abri de la lumière.

On tire sous le cliché en utilisant comme photomètre un papier gélatiné sensibilisé dans le même bain et séché en même temps que la glace. Lorsque l'image est complète sans exagération, c'est-à-dire quand les demi-teintes ont commencé à se dessiner en violet-brun pâle, on retire la glace du châssis et on la plonge dans une cuvette d'eau froide qu'on couvre d'un carton. Au bout de quelques minutes, on change l'eau et on recommence cette opération 8 ou 9 fois. Cette image peu apparente sera développée dans l'un des bains suivants où elle viendra très pure. Il n'y aurait de voile que si le cliché était trop faible ou le lavage qui a éliminé le bichromate de cuivre trop peu prolongé.

Bains vireurs A et B à utiliser à l'état frais et tant qu'ils ne sont pas colorés :

A	Eau....................................	100^{cm3}	
	Acide pyrogallique................	1 gr.	
	Acide acétique cristallisable.....	8^{cm3}	

L'image obtenue est sépia.

B	Eau...........................	100^{cm3}	Ton
	Pyrocatechine ou amidol.	1 gr.	brun
C	Eau...........................	150^{cm3}	Bleu
	Bleu d'alizarine...............	1 gr.	foncé
	Alcool........................	25^{cm3}	
D	Extrait fait à chaud avec 25 gr. de bois de campêche ou de bois du Brésil dans 100^{cm3} d'eau et utilisé presque froid, on a le brun-rouge et le noir-brun.		

On dévoile si les blancs sont voilés avec des solutions faibles d'hypochlorite (eau de Javel) à 1 %.

§ 7. — *Montage des positives*. — Les positives sur verre s'altéreraient si on les projetait telles qu'elles. Il est donc nécessaire de les monter avec un verre mince de même dimensions que la plaque. Pour cela on pose deux verres l'un sur l'autre de façon que la gélatine soit entre les deux glaces. On prend alors une bande de papier noir gommé vendu spécialement pour cet usage ; avec une éponge mouiller légèrement ou humecter, la gomme de cette bande, qu'on pose à plat sur une table, côté gommé en dessus ; on met alors l'ensemble des deux glaces A B tranche inférieure sur le papier gommé. On applique le côté C D sur les tranches la-

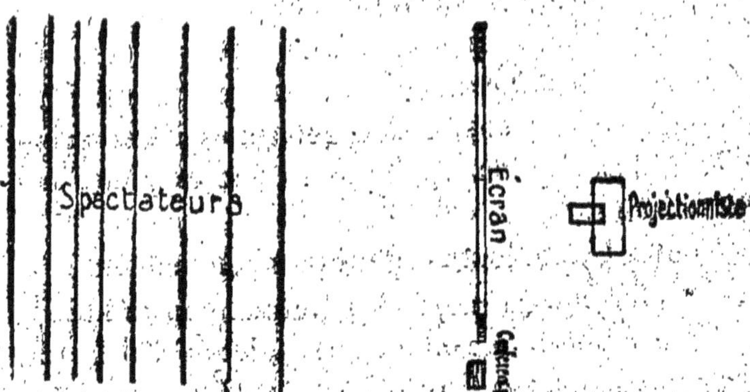

Fig. 17. — Dispositif de la salle
(projection par transparence)

térales[1], supérieure latérale[2] et on fixe en passant un tampon de chiffon légèrement humide sur l'extérieur du papier, on rabat le côté E et enfin on rabat tout le tour du papier noir sur le bord du verre.

On peut numéroter le cliché, indiquer le sujet qu'il représente en écrivant sur la bordure noire à l'encre blanche.

Cette encre peut se composer facilement avec :

```
Eau ............................  20 gr.
Gomme...........................   1 gr.
Gouache ordinaire........        10 gr.
```

Bien délayer le tout et agiter avant chaque usage.

§ 8. — *Coloris des positives sur verre.* — Les positives sur verre peuvent être rendues plus intéressantes par la mise en couleurs. Celle-ci s'effectue au pinceau soit avec des couleurs au vernis vendues spécialement, soit, ce qui est plus simple, par des couleurs « gélatinophiles » solubles à l'eau qu'on applique en teintes plates sur la gélatine.

Toutes les couleurs organiques conviennent : Acide picrique (jaune) ; bleu Lumière ou induline, noir de naphtol, aurantia (jaune), jaune d'alizarine orangé d'alizarine, rouge d'alizarine, péonine, ponceau, vert sulfo B., vert d'alizarine, vert de méthyle, peuvent être choisis.

On peut obtenir des clichés en couleur au moyen des plaques à réseau polychromes (auto-chromes, dioptrichromes, etc). C'est le moyen le plus simple pour tous les amateurs.

On peut aussi les confectionner par la méthode d'hydrotypie, au moyen des trois clichés négatifs.

CHAPITRE IV

Le Cinématographe

Si la lanterne de projection et les positives sur verre ont un pouvoir éducatif et instructif considérable, il est une application de la photographie qui présente la même puissance à un degré bien plus grand : c'est le cinématographe.

Avant de montrer la genèse du cinématographe, ses précurseurs et les méthodes qui l'ont précédé, je tiens à démolir encore une fois une erreur, que des journaux quotidiens et des revues très sérieuses (!) ont propagée prêtant à l'Américain Edison, qui n'y est pour rien, la découverte du cinématographe.

Edison n'a jamais découvert ou inventé le cinématographe, ce sont les frères Auguste et Louis Lumière qui sont les seuls auteurs de cette merveilleuse découverte, de cette géniale application de la photographie. Il est bien permis de se tromper, mais il est absurde d'y persévérer comme le font certains soi-disant vulgarisateurs qui ont continué, après avoir été avisés de leur erreur, à donner à Edison ce qui appartient à Lumière.

Le principe du cinématographe est celui-ci :

1. — Un mouvement peut être décomposé en un certain nombre de points que la photographie permet d'enregistrer. Ces points peuvent être fort nombreux si l'on opère avec un bon objectif, des plaques très sensibles, par temps très clairs (découvertes de Muybridge, Marey, etc.).

2. — Toute impression lumineuse laisse sur l'œil une sensation qui persiste sur la rétine pendant un temps évalué à 1/2 seconde par Plateau, de Bruxelles. — On utilise ce principe à certains jouets : Kaleidoscope, roue de Faraday, disque de Newton, etc.

Cela était connu et appliqué depuis longtemps à ces instruments quand Edison l'utilisa à la photographie sur papier, puis les frères Lumière firent la cinématographie.

1) Le mouvement peut être décomposé en tous ses temps.

Si Muybridge est un précurseur, puisque dès 1869 il avait fait des photographies du mouvement (assez informes à cause des moyens rudimentaires de l'époque), il n'en est pas moins vrai de dire que c'est lui le créateur de cette science. Il procédait de la façon suivante : Il avait disposé un appareil horizontal composé de trente chambres noires munies chacune d'un objectif garni de son obturateur à guillotine. Celui-ci fonctionnait à l'aide d'un fil mince tendu au travers de la piste que parcourait le sujet à photographier. Le coureur ou le marcheur en passant sur le fil le rompait et déterminait l'ouverture et la fermeture de l'objectif. Les trente clichés donnaient trente points du mouvement de l'homme en marche.

M. Janssen, alors directeur de l'Observatoire de Meudon, composa son instrument dans lequel un seul objectif était utilisé, mais la plaque se déplaçait et permettait de faire un certain nombre de clichés. Il appelait déjà *revolver photographique* cet appareil qui lui servit en 1874 à photographier Vénus passant sur le soleil.

Le *revolver photographique* vraiment perfectionné est celui que construisit M. Marey peu de temps après et qui lui servait pour ses études sur le mouvement des animaux.

Le *revolver photographique* est composé d'une très grande chambre noire formée d'une partie mobile laquelle consiste essentiellement en une plaque circulaire percée d'autant de fentes qu'il y a de vues à prendre. Un obturateur formé d'une guillotine solidaire avec cette plaque tourne d'une quantité telle que la plaque qui est obturée à la première position de cette guillotine est exposée pendant la seconde et réobturée à la troisième.

Au moment précis où cette troisième position est obtenue, la plaque tourne d'un degré, s'arrête pendant une fraction de seconde et l'obturateur recommence son mouvement en sens inverse : obturation, ouverture, obturation.

Cet instrument n'ayant plus qu'un intérêt historique il me semble inutile de le décrire plus complètement.

Edison songea, après d'autres chercheurs et notamment après Marey et Janssen, à faire ces photographies décomposant le temps et à les tirer par bandes permettant de suivre la déformation du corps, la transition des gestes.

Puis il imagina de dérouler ces photographies prises en grand nombre dans un espace de temps très court dans une sorte de stéréoscoqe qu'il appelait Kinetoscope. Pour obtenir la sensation du mouvement il fallait donner au déroulement de la bande une vitesse suffisante pour faire passer, en une seconde, de trente à soixante épreuves sous les yeux des spectateurs. Cela force donc à dérouler devant une seule personne en une minute de 1.800 à 3.600 images photographiques !

A l'époque où Edison fit connaître en France cet appareil (en 1893), les frères Lumière venaient de faire construire leur cinématographe qui était basé sur le principe de la persistance des impressions lumineuses sur la rétine et sur l'emploi des clichés pelliculaires pris à des intervalles très rapprochés. Les deux inventions, l'une permettant l'examen individuel des images, l'autre la vision en commun des mêmes images, ayant paru en même temps, le succès du Kinétoscope et du Kinétographe d'Edison fut éclipsé par le cinématographe. Au bout de quelques semaines il tomba dans l'oubli, tandis que le cinématographe envahissait peu à peu le monde entier, supplantant même le café-concert et le théâtre.

Les principes du cinématographe sont les mêmes que ceux déjà indiqués :

1° Décomposition du mouvement par la prise d'une série de clichés successifs du même sujet animé, mais à une vitesse moindre que pour le Kinétoscope.

2° Reproduction par projection lumineuse de la positive pelliculaire tirée avec ce cliché, animée d'un mouvement à peu près égal à celui de la prise du cliché.

Pendant cette projection l'image 1 passe suivie d'un intervalle très court d'obscurité puis l'image 2 est vue. Or l'image n° 1 laisse sur la rétine une impression qui persiste pendant un temps assez court (1/20e de seconde environ). L'image reste pendant un temps de 1/25° de seconde visible suivie pendant le même temps d'une éclipse de la lumière ; l'œil n'aura pas la sensation de cette période de ténèbres et continuera à conserver l'impression de cette première épreuve sur laquelle viendra se superposer la seconde, de sorte que toutes les épreuves se superposeront successivement à la précédente. Il n'y aura pas d'interruption dans la vision et le mouvement des objets est fort bien reproduit.

Dans la pratique le cinématographe Lumière donne des temps d'obturation et de visions différents. L'image est visible pendant un temps de 1/15e de seconde, suit une obturation lumineuse de 1/45e de seconde (3 fois moindre), suivie de l'image nº 2 pendant 1/15e de seconde, puis nouvelle obturation de 1/45e de seconde, suivie d'une 3me image pendant 1/15e de seconde. De sorte qu'en une minute l'œil voit 900 épreuves se présenter interrompues par 900 obturations durant trois fois moins que les périodes de visions.

Le problème ainsi posé exige pour être résolu deux instruments :

1º L'instrument qui prendra le mouvement et qui est le véritable cinématographe.

Qu'on me permette d'ouvrir ici une parenthèse : le mot cinématographe vient de deux mots grecs : Χίνεμα (au génitif Χίνεματος) mouvement et Γραφείν, écrire, inscrire, peindre. Or l'appareil qui peint et reproduit sur la plaque le mouvement est l'appareil de prise des photographies.

2° L'instrument qui fera voir cette reproduction, qui le projetera sur l'écran et devrait s'appeler le cinématoscope, pour ne pas employer un mot rébarbatif n'existant pas encore et à composer avec le verbe grec Ἀπεικαζειν.

Or dans la pratique l'instrument qui prend la vue sert aussi à la projeter en lui adjoignant une lanterne de projection appropriée. De là est venu l'usage du mot cinématographe pour désigner aussi bien l'appareil qui sert à prendre la vue que celui qui est utilisé pour la projeter.

Description du Cinématographe

Le cinématographe est un appareil de construction très compliquée et d'usage très simple, car toutes les complications du mécanisme (d'ailleurs indéréglable) ont été faites pour rendre le travail de l'opérateur aussi facile que possible.

Le cinématographe se compose essentiellement d'une chambre noire portant un objectif à court foyer (5 à 6^{cm}) et un mécanisme produisant l'ouverture d'un obturateur et sa fermeture et faisant marcher la pellicule de la largeur de chaque image pendant le temps précis de la fermeture de l'obturateur.

Etant donné ce mécanisme complexe, il est nécessaire d'avoir une chambre noire rigide, simple caisse de bois ou de métal devant laquelle l'objectif se fixe dans une bague : ce qui permet de l'avancer et de le reculer pour la mise au point.

La grandeur de chacune des images étant très faible ($20^{m}/_{m} \times 25^{m}/_{m}$) il est nécessaire que la pellicule soit très fine et sans le moindre grain : pour cela on utilise toujours des objectifs très fins, supportant sans donner de défauts de très grandes ouvertures. C'est pourquoi les anastigmats f/6 ou f/4,5 sont tout indiqués.

Dans l'appareil de prise de vue la chambre noire proprement dite est fort petite (environ 3 centimètres de côté sur une profondeur de 4 à 5 centimètres). Le surplus de cette grande boîte est occupé par le mécanisme.

Au dessus de l'appareil proprement dit on dispose une boîte-châssis contenant le rouleau de pellicule non utilisé qu'on recueille dans une boîte-magasin (qui est à l'intérieur de la chambre noire) en faisant tourner une manivelle à la vitesse de deux tours à la seconde.

L'appareil de prise de vue pourrait être différent de l'appareil de projection : il existe quelques modèles de ce genre. Mais il existe aussi des appareils dont le mécanisme se monte entre l'objectif et le condensateur d'une lanterne spéciale de projection.

Pour nous résumer, l'appareil cinématographique comprend :

I. Pour le négatif :

    1º la chambre noire ;

    2º l'obturateur ;

    3º le système qui déroule la bobine dont les mouvements sont liés à ceux de l'obturateur ;

    4º une boîte châssis ;

    5º une boîte réceptrice.

II. Pour le positif :

    1º une lanterne de projection ;

    2º un système permettant le déroulement de la bande pelliculaire.

Nous allons faire connaître les divers systèmes de cinématographes avec leurs caractéristiques. Mais auparavant il sera bon d'examiner le mode général de construction permettant de rendre solidaires entre eux l'obturateur et le mouvement d'enroulement.

En principe, la manivelle n'actionne pas directement la bobine qui fait passer la pellicule devant l'objectif ; car on ne pourrait ainsi avoir les interruptions du mouvement au moment où l'obturateur s'ouvre et se ferme pour imprimer l'image.

Par un système d'accrochement ou de chariot combiné avec une série d'engrenages, à chaque tour de manivelle il y a huit mouvements de progression de la pellicule et huit temps d'arrêt. Par cette réunion de pignons, de roues dentées, de

chariot, came ou croix de Malte, l'obturateur a
pendant le même temps huit ouvertures et ferme-
tures se produisant pendant l'arrêt de la pellicule.

Tout le monde peut supposer comment peut être
constitué un tel mécanisme, assez difficile à préci-
ser puisque chaque constructeur a combiné le
sien, mais à moins d'être mécanicien et horloger à
la fois, il serait fort difficile de le construire.

Voyons donc comment les inventeurs du cinématographe ont réalisé leur appareil.

Le Cinématographe Lumière

Dans le cinématographe Lumière (le premier de
tous et longtemps le seul), le mouvement de progression de la pellicule se fait par un chariot
muni de deux griffes qui pénètrent dans les trous
de la pellicule (lesquels trous sont équidistants et
à 20 $^m/_m$ les uns des autres), la font descendre de
deux centimètres, revient ensuite prendre la pellicule en remontant d'un trou et recommence la
descente, la montée, la descente, etc., à la vitesse
de 900 fois en une minute.

Les frères Lumière sont arrivés à ce résultat
« *grâce, disent-ils eux-mêmes, au mouvement
alternatif donné au cadre sous l'impulsion
d'un excentrique triangulaire, disposition qui
fait l'objet de leur brevet* » et qui permet une
régularité parfaite des mouvements : les griffes ne

rentrent et ne sortent des trous que pendant l'arrêt complet, ce qui évite toute détérioration des bords de la pellicule. Le mécanisme a' été disposé de

Fig. 18. — Détail du mécanisme du Cinéma Lumière.

façon que la bande pelliculaire reste immobile pendant les deux tiers du temps qui sépare deux phases consécutives, le dernier tiers du temps d'obturation étant employé à la substitution de la portion de pellicule à impressionner.

Les pièces principales du cinématographe sont :

1° L'arbre excentrique ;

2° Le cadre porte-griffe.

1° L'arbre excentrique porte une série de pièces :

A l'une de ses extrémités est fixé *un pignon* qui engrène avec la *roue dentée* R (voir fig. 18). Les découpures de la roue et du pignon sont calculées de façon à faire faire huit tours au pignon pour un seul tour de roue. Celle-ci est manœuvrée extérieurement au moyen d'une manivelle que l'on fait tourner à la vitesse de deux tours à la seconde. Pendant ce temps le pignon tourne donc seize fois.

A l'extrémité de l'arbre en avant du pignon est un rouleau de cuir *r*. Derrière ce pignon (il n'est pas visible sur la figure) est fixé un excentrique triangulaire qui transforme le mouvement circulaire de l'arbre continu en un mouvement alternatif de va-et-vient.

Sur la face de l'excentrique opposé au pignon on a vissé un disque circulaire concentrique à l'arbre, portant en saillie sur sa face cylindrique deux lames d'acier parallèles. Ces lames ont sur une petite longueur une déformation en forme de marche destinées l'une à enfoncer et l'autre à retirer les griffes du cadre

A l'autre extrémité est fixé un plateau sur lequel, au moyen d'un écrou, on adapte le disque obturateur formé de deux secteurs (en métal léger ou carton comprimé mince), qui peuvent être déplacés pour obtenir une vitesse plus ou moins grande et se fixent sur le plateau au moyen d'une goupille empêchant tout déplacement pendant la manœuvre.

2° *Le cadre porte-griffes* est constitué par une lame légère en acier percée d'un trou rectangulaire dans lequel se meut l'excentrique. Il porte, à ses deux extrémités, deux guides rectilignes qui glissent sans jeu dans deux glissières ménagées sous le pont qui supporte l'arbre entre l'excentrique et l'obturateur : il est donc forcé d'avoir le mouvement de va-et-vient. Sur le côté et horizontalement il porte les griffes d'entraînement. Dans la gravure qui est ci-dessus et que MM. Lumière ont gracieusement mise à notre disposition, on voit encore :

En VVVV un volet en cuivre ajouré (rabattu sur la figure) qui est tenu verticalement pendant le fonctionnement grâce à un verrou. Ce volet porte en G une glace maintenue par deux ressorts et servant à presser la pellicule pour la maintenir au point. Au-dessus, en KK, deux ressorts doux (dits contre-griffes) et placés vis-à-vis de celles-ci pour éviter le déchirement de la pellicule par suite d'accident dans le déroulement. Devant ce volet en *hh* est un sillon creusé dans la platine et garni de velours dans lequel glisse la pellicule maintenue par le volet VVVV relevé. Dans le platine est percée en F une fenêtre de la dimension de l'image qui laisse passer la lumière transmise par l'objectif.

Pour obtenir la pellicule négative, il faut y ajouter :

I. Un pied à trois branches très rigide pour soutenir, sans trépidation, l'appareil;

II. Une boîte châssis ;

III. Une boîte réceptrice;

IV. Une bobineuse.

1º Nous ne décrirons pas le pied : tout pied photographique très rigide et même un fort tabouret de bois peuvent servir.

2º *La boîte châssis* est une boîte fermée par un volet de bois et portant une tige sur laquelle on fixera la bobine de pellicule. On tirera le commencement de celle-ci pour l'engager dans la fente garnie de velours qui se pose au-dessus de la fente d'entrée de cinématographie et s'y fixe au moyen d'une patte.

On fait alors passer l'extrémité déroulée de la bobine dans le cinématographe et on en tire ainsi 20 ou 25 centimètres que l'on fait glisser le long du sillon de velours. On fait pénétrer les griffes mises au haut de leur course dans les trous de la pellicule. On fait ensuite passer le bout de la bande sensible dans l'ouverture ménagée dans le volet au-dessous des contre-griffes et l'on relève le volet en le fixant verticalement.

Il faut pour terminer entrer l'extrémité de la pellicule dans la boîte réceptrice et l'y fixer sur les agrafes destinées à la retenir.

3º *La boîte réceptrice* qui se place dans une partie du cinématographe où elle recouvre les ressorts contre-griffes est le châssis négatif qui est destiné à recevoir et à conserver jusqu'au développement la pellicule négative.

La boîte réceptrice AA' BB' est une boîte de tôle s'ouvrant en deux parties au moyen d'une charnière qui permet de la fermer hermétiquement par un ressort. Elle est traversée de part en part par un axe (*b*) incurvé et terminé par un disque circulaire qu'un ressort (*m*) fait appuyer sur le rouleau de friction de cuir de l'arbre quand la boîte est placée dans l'appareil. On fixe à frottement dur sur l'axe un rouleau de cuir (*c d*) caoutchouté extérieurement. On monte donc la boîte réceptrice en plaçant le cylindre sur son axe et sur ce cylindre un manchon (*e f*) qui roule sur lui et en mettant le tout dans la boîte, le disque contre le ressort (*m*) et la pointe (*b*) de l'axe dans le trou destiné à le recevoir. Comme accessoire né-

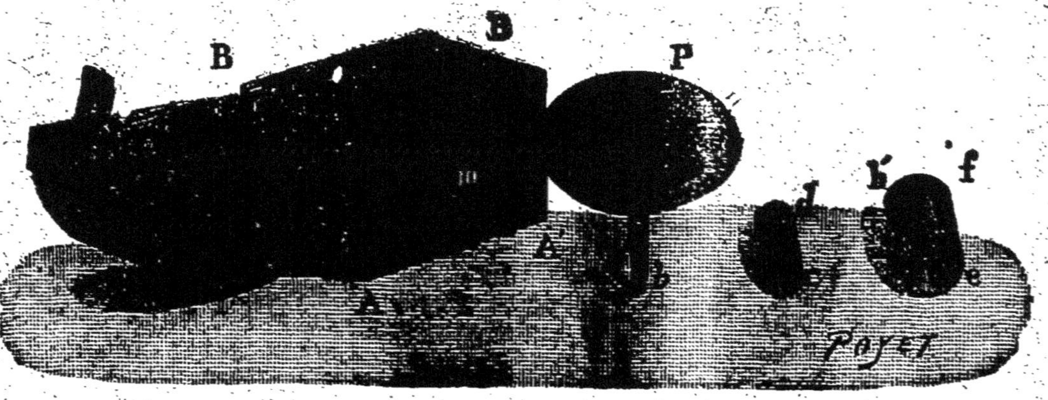

Fig. — 19. — Boîte réceptrice Lumière

cessaire pour enrouler convenablement la pellicule sur la bobine de la boîte-châssis, il est utile d'avoir une bobineuse.

Fig. 2). — Le Cinéma Lumière monté pour la projection

La Bobineuse est une sorte de roue à manivelle munie d'une gorge portant une corde qui actionne un cylindre.

Au moyen de ce mécanisme supporté par une planchette, il est facile de monter sur la bobine fixée au cylindre le rouleau de pellicule sensible.

On fait cet enroulement, côté sensible en dedans.

Le montage de la bobine dans la boîte-châssis se fait dans le cabinet noir, à la lumière rouge.

Utilisation du Cinématographe négatif

Prise de la vue. — Lorsque dans le cabinet noir, à la lumière rouge, on a chargé la boîte châssis et qu'on l'a montée sur le cinématographe, et avant qu'on ait engagé le film dans la gaine, on procède à la mise au point :

a) Mise au point. — L'appareil est solidement fixé sur le pied et l'on met au point. Pour cela on ouvre la porte arrière de l'appareil et on interpose entre la glace presseur et la fenêtre correspondante un fragment de celluloïd dépoli (dépoli du côté de l'objectif) qui constitue le verre dépoli. En faisant glisser l'objectif dans son tube on met au point. Cette opération demande beaucoup de soins, les films flous ne donnant rien de bon. On prend alors la vue par :

b) mise en place de la pellicule comme nous l'avons dit plus haut.

c) fermeture du volet arrière de l'appareil.

d) mise en place de la manivelle. Au moment voulu, on tourne la manivelle à raison de deux tours par seconde (on se sera exercé à acquérir l'habitude de cette vitesse) en tenant l'appareil de la main gauche pour éviter le tremblement.

Quand toute la pellicule est déroulée, ce qui se reconnaît à la diminution de la résistance de la manivelle, on retire la boîte réceptrice.

Il sera bon de vérifier de temps en temps la propreté de la fenêtre, et si le velours s'effilochait, de couper les fils qui dépassent ; de blaireauter la gaine de velours pour enlever la poussière qui s'y dépose ; de veiller à ce que le côté mat (gélatiné) de la pellicule soit toujours tourné du côté de l'objectif.

Développement et finissage du film négatif

Tout bon révélateur peut convenir au développement mais la maison Lumière recommande le suivant :

Eau	10 litres
Diamidophénol	50 gr.
Sulfite de soude anhydre	250 gr.

On s'enferme dans le cabinet noir avec quatre seaux de 10 litres, contenant, les deux premiers, ce révélateur, le troisième de l'eau claire et le quatrième de la solution à 25 % d'hyposulfite de soude.

La pellicule est déroulée rapidement et plongée pendant ce déroulement dans le premier seau, puis sortie en déroulant et plongée dans le deuxième et enfin, quand l'image, vue à la lumière rouge, paraît suffisante, on la rince dans le troisième seau, on la fixe ensuite dans le quatrième, puis l'on rince à l'eau courante pendant une heure.

Pour éviter le recroquevillement du film on le passe, avant séchage, dans un bain de glycérine composé de :

	Formule Lumière	Autre formule
Eau............	7 litres 500	10 litres
Glycérine ...	250 cm^3	300 cm^3
Alcool à 95°..	2 litres 500	

Puis, sans rincer, et après 5 minutes de séjour dans ce bain, on fait sécher à l'ombre, en suspendant sur un fil tendu. Après dessication il n'y a plus qu'à rebobiner.

Tirage du positif

On se sert pour cela d'une boîte châssis à deux axes. Autour de l'inférieur on place le négatif enroulé, gélatine en dehors, et autour de l'axe supérieur la pellicule positive, gélatine en dedans. On ramène alors les deux bandes, gélatine contre gélatine, et le négatif extérieurement. Mais la pellicule qu'on va impressionner est seule introduite dans la boîte réceptrice. On dévisse l'objectif et on supprime les disques de l'obturateur.

Il n'y a plus qu'à poser l'appareil devant une lampe à pétrole, mise à distance convenable, et la manivelle, tournée à vitesse calculée, fournit l'impression de la positive. Il est bien entendu que le chargement de la pellicule se fait dans le cabinet noir, à la lumière inactinique.

On développera ensuite le positif comme on a fait pour le négatif.

Cinématographe Gaumont

Le cinématographe Gaumont diffère un peu de celui de Lumière, par un mécanisme fort différent quant au mode de conversion du mouvement rotatif en mouvement saccadé, destiné à permettre l'arrêt de la pellicule au moment de la prise des clichés. Ici, ce n'est plus par une bielle triangulaire et par un chariot faisant va-et-vient que le mouvement circulaire, imprimé par une manivelle, est converti en un mouvement alternatif de marche et d'arrêt.

Cette modification est obtenue par une came (came Demeny, B. S. G. D. G.) qui provoque des

arrêts à périodes déterminées et à durées équidis-
tantes. Ce système a l'inconvénient de donner des
secousses plus vives que les autres procédés. Mais,
par un réglage convenable de la pellicule, par un
graissage soigné des rouages on évite complètement ces saccades.

Elle est obtenue aussi au moyen de la *Croix de
Malte* qui donne un enroulement sans trépida-

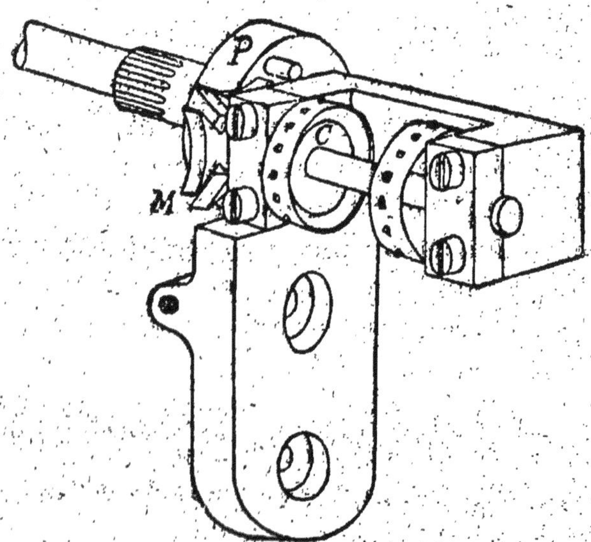

Fig. 21. — Croix de Malte Gaumont

tion, et est préféré, pour cette raison, à tous les
autres systèmes dans les chronos de projection.

La *Croix de Malte* est une pièce en acier trempé
de la forme de la Croix de Malte (M). Les quatres

fentes (*f*) qui déterminent la croix passent les unes après les autres dans un bouton (*d*) fixé sur le corps circulaire, actionné indirectement par la manivelle d'un mouvement rotatif. A chaqus tour du cercle le doigt (*d*) pénètre dans l'une des fentes (*f*) et fait avancer la croix d'un quart de tour, puis il se produit un arrêt; le bouton ensuite pénètre dans la seconde fente, faisant encore avancer d'un quart de tour et ainsi de suite. Un petit disque G soudé sur le disque T rend immobile la croix M entre les deux périodes du mouvement. Pour éviter les secousses et les déchirures de la pellicule, le mouvement va en croissant du début jusqu'au milieu de la course de la croix pour diminuer ensuite.

La manivelle qui actionne le cinématographe Gaumont agit par transmission de rouages, multipliant le nombre de tours.

Dans le cinéma Gaumont, les boîtes magasins sont placées le magasin en dessus et le récepteur en dessous de l'appareil (et non à l'intérieur comme dans le Lumière). Il a été ajouté un viseur à droite de la chambre noire, donnant l'image réelle qui sera photographiée, et un compteur, indiquant le nombre de mètres de pellicule utilisés, lequel est placé en avant. Un perforateur permet de faire un trou dans la pellicule quand une vue est complètement prise. De sorte que si, sur une même pellicule de 100 mètres on fait trois sujets, on verra la séparation de chaque scène.

Je ne décrirai point d'autres cinématographes de prise de vue, ces deux appareils me paraissant les meilleurs de ceux que je connais, et dans tous les cas, suffisant à faire comprendre le mécanisme du cinématographe.

La projection cinématographique

I. Les appareils

Ceux que nous venons de décrire peuvent servir et sont même les plus parfaits de tous. Mais les fabricants ont tous fait des cinématographes ne pouvant servir que pour la projection, et non pour la prise des vues.

Citons les appareils de Lumière, de Gaumont, de Pathé frères. Dans tous ces appareils, purement « *positifs* », la pellicule est montée sur une bobine intérieure assez éloignée du foyer lumineux et elle s'enroule sur une bobine extérieure, également fort éloignée.

Ainsi, dans le chrono Gaumont C. M., dont nous faisons figurer ci-après la gravure gracieusement communiquée par la maison Gaumont, on voit en F F' les deux rouleaux émetteurs de film F et récepteur F'. Le surplus du mécanisme

Fig. 22. — Chrono Gaumont

se voit très bien sans qu'il soit besoin d'une explication très longue.

Le cinéma Pathé fontionne également à croix de Malte et les bobines sont très éloignées l'une de l'autre et de la source lumineuse. Une particularité de cette marque est le système d'obturation qui se fait devant l'objectif par un mouvement alternatif, donnant une durée d'obscurité fort petite (13 à 15 secondes par minute de projection). Les cinémas de projection Pathé sont du reste très cotés à l'heure actuelle et le dernier modèle de cette maison offre la particularité de former un tout homogène se suffisant à lui-même.

Le Cinéma Kok

La maison Pathé frères, si universellement appréciée, a lancé, il y a quelque temps, un appareil de projections cinématographiques pour les familles.

On se sert d'un écran de 60 centimètres sur 80 centimètres au maximum pour avoir un éclairage suffisant. En effet, cet appareil offre cette particularité de ne nécessiter aucune installation électrique ou de gazogène pour l'éclairage et de se suffire à lui-même. Par le mouvement de la manivelle, on met en mouvement une magnéto qui produit l'électricité suffisante pour illuminer

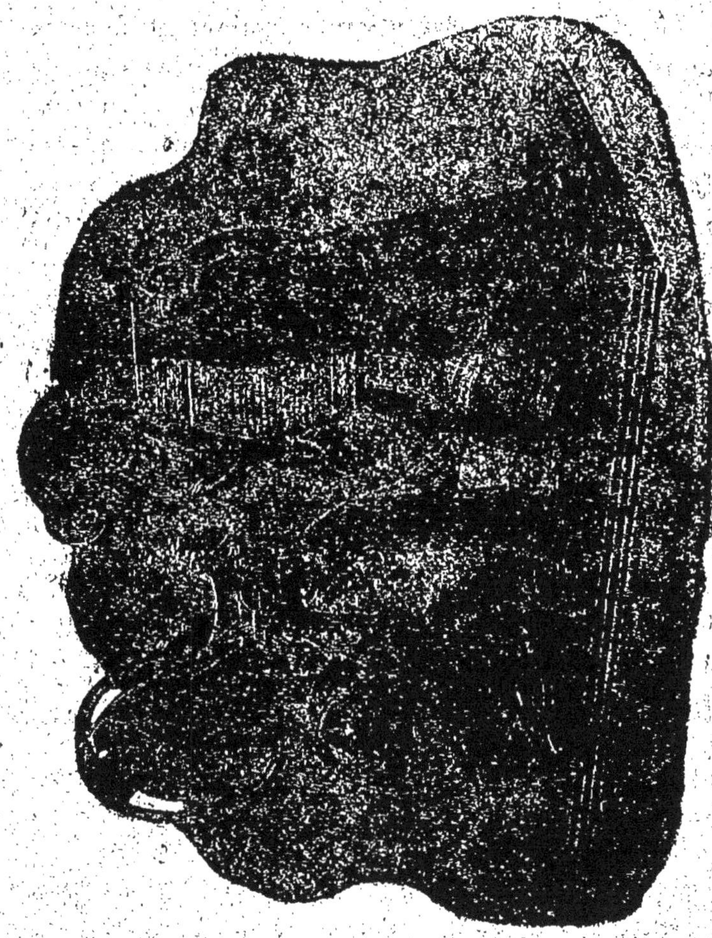

Fig. 23. — Cinéma des familles Pathé-Kok

une petite lampe à filament métallique. Accessoirement, ce mouvement fait tourner le mécanisme du cinématographe, déroulant la pellicule devant le condensateur à la vitesse convenable. On obtient à la fois cet éclairage et ce déroulement en tournant à la vitesse de 80 tours à la seconde.

Il y a là, pour les amateurs, un excellent moyen de faire de la projection cinématographique, sans avoir besoin de préparer plusieurs heures avant la séance la lanterne et le cinéma. En quelques minutes, l'écran peut être mis en place, la pellicule montée sur la bobineuse et l'on est prêt à fonctionner.

Lorsque la séance sera terminée, il n'y aura plus qu'à rouler les films pour les serrer.

Un autre avantage du cinéma des familles Kok, c'est d'utiliser des films ininflammables et incombustibles, qu'on peut louer à très bon compte à la maison Pathé frères.

II. L'Éclairage

Toutes les méthodes d'éclairage donnant une grande puissance actinique conviennent, ce sont : l'électricité par la lampe à arc, les lumières oxydrique, oxyétherique, oxyacétylénique.

La lampe à arc est préférable comme moins dangereuse.

III. Le Mouvement

Il serait pénible, pendant des séances qui peuvent durer deux heures et plus, de tourner la manivelle à la vitesse uniforme de deux tours à la seconde. Aussi, a-t-on imaginé des moteurs de cinématographes remplaçant la manivelle et la main ; les uns à ressorts d'horlogerie, les autres à moteur électrique. Ce sont ces derniers qui ont le plus de succès.

IV. Dispositif de la salle et de l'écran

Comme pour les projections ordinaires, l'image peut être dirigée par la face qui regarde les spectateurs (par réflexion), ou sur la face opposée (par transparence). L'écran est bien tendu et disposé au bout de la salle dans le sens de la longueur, et l'on place les spectateurs à environ 4 mètres pour le premier rang. Cet écran sera disposé au moins à hauteur d'homme (1 m. 80) au-dessus du sol pour que tout le monde puisse le voir. Il sera fait de calicot peu grenu, recouvert d'une couche de blanc composé de :

```
Eau............................. 1   litre
Gélatine blanche................ 80  grammes
Carbonate de magnésie........... 180 grammes
```

employée tiède, s'il s'agit de projection réflectives, ou mouillée d'eau claire s'il s'agit de projections par transparence. Il est plus artistique de poser l'écran sur un cadre ou entourage noir.

V. Mesure de sécurité

Il faut éviter le risque d'incendie, qui est assez grand, avec le cinématographe manié par des gens inhabiles. Qui ne se rappelle le sinistre incendie du Bazar de la Charité (1897), causé par l'inflammation d'un film. Il faut également songer à ne pas détériorer irrémédiablement les films par la chaleur de la lampe. Pour cela, on prend les précautions suivantes :

1° N'exposer le film que pendant la projection ;

2° Intercaler un absorbant de la chaleur entre la lampe et le film.

Pour cela, on se sert d'une cuve à eau, interposée à un endroit déterminé de la lanterne, entre la flamme et le film. Cette cuve est remplie d'une solution à 5 % d'alun de roche ou de 1 % d'acide acétique ; mais on préfère la solution d'alun dans l'eau distillée (l'eau ordinaire se troublant par la chaleur). Dans leur lanterne cinématographique, les frères Lumière ont remplacé cette cuve et le condensateur par une carafe sphérique que l'on remplit d'eau distillée alunée. Au bout d'une demi-heure l'eau bout, mais, pour éviter que l'eau ne saute autour du vase, on plonge dans celui-ci un petit morceau de coke, suspendu au haut du liquide par un fil de fer.

3° Devant la cuve à eau un écran de fer

peut s'abaisser à chaque arrêt du mécanisme. Ce volet peut être automatique ou à main.

4° Avec les carters de sûreté, imposés par la Préfecture de police, le film n'est exposé à l'air que pendant le passage devant la fenêtre de projection, se trouvant ensuite enfermé entre les parois métalliques d'une sorte de glissière, à l'abri de l'air, il s'éteindrait automatiquement s'il s'était enflammé ;

5° Enfin, on a cherché le film ininflammable sans celluloïd. Ceux de gélatine avaient plus de défauts que de qualités et ont été abandonnés. Les frères Lumière ont découvert un celluloïd qui, sous l'action de la chaleur excessive, fond sans brûler, et je crois que c'est ce qui se fait le mieux actuellement.

VI. Réparation des films

Les films sont fort coûteux (1) ; il est donc bon de veiller à leur conservation. S'ils se coupent, si les trous d'entraînement se brisent, ou s'agrandissent, il faut les recoller au plus vite. Pour cela, on pose une bande de celluloïd transparent qu'on colle avec la solution :

Acétate d'amyle........................ 100
Celluloïd transparent 2   gr.

On met le film sécher sous pression, ce qui demande de 2 à 3 heures.

---

(1) 1 mètre de pellicule sensible coûte 0 fr. 75.

CHAPITRE V

Comment se font les films cinématographiques

Nous avons déjà dit comment s'obtenaient les films ; au moyen de quels appareils on faisait le film négatif, puis on en tirait le film positif.

Nous allons maintenant expliquer comment sont composées les scènes représentées sur les pellicules.

Pour cela, on peut photographier une scène animée quelconque, c'est là le plus simple, ou dans une barque allant doucement, une auto ou une voiture, on reproduit les vues et les paysages se déroulant devant nos yeux.

On peut aussi aller devant un théâtre bien éclairé, reproduire le jeu des artistes. Mais, ce ne sont là que jeux sans importance et surtout sans grandes dépenses. Ce qui est plus coûteux, c'est la création de pièces, de scènes, qu'on monte à grands frais sur une scène de théâtre avec des décors et de nombreux figurants : là tout n'est que trucs et

ficelles. C'est sur de telles scènes qu'on fera jouer
des contes de fées ou des choses analogues, où,
par l'arrêt de l'appareil et la substitution au per-
sonnage, photographié primitivement, d'une fleur
ou d'un vase, on donnera l'illusion au bon public
de scènes tout artificelles. Ce seront les trappes,
les fils, les substitutions et les arrêts qui permet-
tront d'arriver à ces résultats étranges et incom-
préhensibles pour beaucoup.

Mais des scènes plus dramatiques, plus impres-
sionnantes que ces bluettes féeriques se prendront
dans la nature elle-même. On choisira son décor
naturel : la forêt de Fontainebleau, les bords jadis fleuris de la Seine, les fossés des fortifications,
la rue, la rue elle-même, avec tous les passants
qui forment des acteurs volontaires et peu coûteux,
jouant des rôles qu'ils n'auront pas préparés et
qui n'en seront que plus drôles, plus amusants ou
plus tristes.

Scènes de contrebandiers, de chasses, auront
pour théâtre, bien souvent, un coin des environs
de Paris, le fleuve traversé par le chien sera la
Seine.

Tout ce que reproduira le cinéma aura été photographié avec sa vie sur le vif ; le cliché n'est que
fort rarement truqué ou retouché, c'est la scène
elle-même qui est arrangée en vue de sa cinématographie.

Le film ne pourrait pas être retouché. Quel travail de bénédictin s'il fallait revoir une à une et repiquer toutes ces petites images microscopiques ! La retouche se pratique ici plutôt en gros pour faire disparaître les défauts par trop apparents.

L'épreuve positive est très peu ou point retouchée. Quelquefois on la vire en une teinte plus gaie que le noir ou le grisaille naturel. On utilise alors des bains analogues à ceux indiqués dans le chapitre III pour les positives sur verre. Mais ces bains sont alors préparés en quantité plus grande et souvent pour éviter des cernes, des taches, on les utilise un peu plus dilués, ce qui demande plus de temps, mais assure une pénétration plus égale du liquide.

Pour opérer ce virage il sera bon d'ailleurs d'utiliser le mode préconisé par la maison Gaumont : la pellicule est montée sur une planchette, sur laquelle elle est enroulée pour présenter le plus de surface possible (1).

Au lieu de donner aux pellicules une uniformité de tons, noir, bleu, sépia, etc., on préfère sou-

---

1. — On trouvera des renseignements très complets sur la théorie et la pratique du cinématographe, les trucs et les ficelles y employés dans *Le Cinématographe pour tous* et *Les Merveilles du Cinématogaaphe*, 2 volumes à 0 fr. 75 (Ch. Mendel, éditeur, Paris).

vent les images en couleurs. Quelquefois, on se
contente de les teinter légèrement et cela suffit
pour donner plus de vérité encore aux scènes
animées.

Les légères mises en couleurs se font soit à la
main, à l'aide de patrons, soit mécaniquement
comme les coloris complets, mais le travail est
plus vite fait puisqu'on se contentera de teinter en
bleu le ciel ou les eaux. Pour faire des patrons
on fait des sortes de pochoirs en découpant une
image positive et en ne laissant à jour que la
partie qui devra prendre la couleur ; on applique
le pochoir sur le film positif et, avec une éponge
imbibée de couleur, on teinte d'abord tous les
bleus. Si l'on voulait une mise en couleur complète avec un second pochoir, obtenu par décou-
page d'une autre épreuve, on mettrait de la teinte
jaune où il y en a et on terminerait par la couleur
rouge.

On opère aussi mécaniquement cette mise en
couleur et les films positifs, protégés par des pochoirs semblables à ceux que nous venons de
décrire, passent sous des rouleaux de feutre, im-
bibés d'une première couleur ; en arrivant à un
second rouleau, le film se débarrasse de ce premier
patron et est accolé à un second qui masque toutes
les couleurs sauf le rouge, et un rouleau impri-
meur, garni de cette couleur, teinte le film de cette

seconde couleur ; tout aussi mécaniquement, un troisième patron permet la mise en couleur pour la dernière teinte....

On arrive ainsi, par le passage successif sous trois rouleaux encreurs (bleu, jaune et rouge), et avec trois pochoirs, à obtenir une excellente mise en couleurs.

CHAPITRE VI

Le Cinématographe en couleurs

Le Kinémacolor. — Le Biochrôme

La mise en couleurs des films est une méthode simplifiée pour donner satisfaction au goût du public pour la plus grande vérité des représentations cinématographiques. Mais cette méthode empirique n'est pas suffisante ; aussi de nombreux travaux ont-ils été entrepris pour arriver à faire des films en couleurs obtenus naturellement par l'action de la lumière. Dans tous les pays des chercheurs ont fait des efforts surhumains pour arriver à des résultats satisfaisants.

En utilisant les procédés à points ou réseaux polychromes on pourrait arriver à des résultats, mais la rapidité d'impression du film ne permet pas l'utilisation des procédés actuellement connus avec les émulsions actuelles. Les travaux des frères Lumière en France, du docteur Krayn en

Allemagne, de Sczepanick en Hongrie, ont laissé
entrevoir que plus tard sans doute il y aurait une
solution du problème dans ce sens, mais les résultats ne sont encore que dans le lointain.

Des inventeurs ont donné une méthode pratique tirée des travaux de Cros et de Ducos du
Hauron ; mais au lieu d'utiliser trois couleurs, ils
ont préféré s'en tenir à une approximation de la
vérité des couleurs et ont utilisé la *dichromie.*

La plus célèbre de ces méthodes est certainement
le Kinémacolor.

L'inventeur du Kinémacolor, M. G. A. Smith,
utilise deux couleurs pour produire une projection
reproduisant à peu près exactement des multitudes
de nuances qui illuminent une image. Les images
sont projetées à une vitesse double de celle des
projections ordinaires cinématographiques ; le
scintillement est complètement évité et l'appareil
ordinaire peut servir avec une légère modification
à y apporter. Cette modification du reste peut être
temporaire et se faire en quelques minutes et se
défaire dans un temps très court.

J'ai dit tout à l'heure que Smith utilisait deux
couleurs, la rouge et la verte, mais j'insiste sur ce
fait que les images ne sont ni rouges, ni vertes,
mais bien de la couleur des clichés : blanc, noir
et gris. Les deux teintes, la verte et la rouge, sont
produites par l'intercalation devant la lumière du

projecteur d'un écran d'un feuillet de verre ou de celluloïd teinté en ces couleurs.

La sélection de ce qui doit être apparent à l'œil de vert et de rouge est faite par le film.

Évidemment ce film ne sera pas celui courant, mais un cliché fait tout spécialement avec une émulsion aussi bien panchromatisée que possible et pour la prise de la vue on ira (comme à la projection) à une vitesse double de celle ordinaire en intercalant, entre la vue et le film, un écran exactement semblable à celui utilisé pour la projection.

Dans un cliché toutes les couleurs seront rendues avec leurs valeurs réelles.

La partie essentielle du cinémacolor est l'obturateur à segment coloré, qui est monté sur le cinématographe au lieu et place de l'obturateur ordinaire.

Cet obturateur est constitué par une rondelle (fig. 24) pleine découpée en deux grands segments et deux petits. Les petits qui sont proportionnellement moins grands que dans la figure sont recouverts d'un feuillet teinté en violet-bleu de méthyle. Les grands sont garnis de feuillets de gélatine ou de celluloïd gélatiné colorés l'un en vert et l'autre en rouge.

La lumière projetée par le cinéma dans ces conditions par un tel obturateur fournira donc trente-deux fois par seconde la coloration complète de l'obturateur. Or par suite de cette vitesse de rotation le vert se superposant seize fois à seize apparitions du rouge, fournira, si les colorations

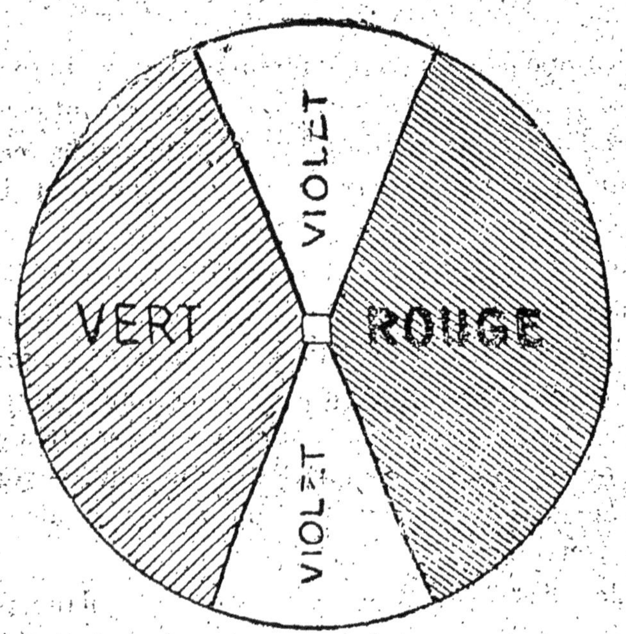

Fig. 24. — Disque obturateur du Cinémacolor

rouge et verte ont été bien choisies, une apparition lumineuse blanche. En effet, le rouge est le complément nécessaire du vert pour donner de la lumière blanche.

Or, si bien choisies qu'aient été les couleurs utilisées à la confection des secteurs colorés, il y a toujours une teinte jaunâtre résiduelle. C'est pourquoi l'inventeur a ajouté à son disque, au lieu de segments pleins, des parties en gélatine bleue très foncée qui corrigent très bien cette légère teinte jaune.

Supposons que nous fassions passer une pellicule impressionnée convenablement devant ce disque là où il y aura du blanc, le rouge et le vert se superposant sans aucune opacité donneront de la lumière blanche : bien entendu, il faudra que cette transparence soit absolue dans les deux clichés du rouge et du vert. Y aura-t-il opacité du cliché du rouge et transparence du cliché du vert ? Le rouge ne se montrera pas à nos yeux puisqu'il sera arrêté par les noirs du film et le vert sera très vif. Si au contraire la transparence est pour le rouge et l'opacité pour le vert, nous verrons seulement du rouge.

Je vois très bien, me direz-vous, le blanc produit du mélange du vert et du rouge, le vert résultant de l'obturation du rouge et le rouge apparent par l'obturation du vert. Mais il n'y a pas que du vert, du rouge et du blanc dans la nature, il y a du bleu et du jaune assez répandus pour n'être point laissés dans l'oubli et à côté de ces couleurs primordiales il y en a d'autres moins communes peut-être, il y a des teintes, il y a des tons, il y a des nuances, qu'en fait donc le Kinémacolor ?

Mon Dieu, il les montre, peut-être moins bril-
lamment que le rouge et le vert, mais très suffisamment et cela s'explique tout simplement et
avec la plus grande facilité quand on sait que le
vert contient du jaune et du bleu, que le rouge
même très vif contient un peu de jaune aussi. C'est
alors que se montre le pouvoir *soustractif* du film
panchromatique ; c'est lui qui fera cette merveille
d'enlever le jaune du vert pour laisser le bleu ou
de supprimer le bleu pour laisser le jaune ; de
superposer le bleu au rouge pour faire le brun
noir ou la teinte neutre.

Des molécules argentiques disséminées dans la
gélatine des clichés du vert et du rouge enlève-
ront, obtureront, plus exactement, la couleur inutile, ne laissant que celle nécessaire.

En fait, le film du Kinémacolor joue le même
rôle que l'image argentique des plaques en couleurs par réseaux polychromes pour ce dernier. Il
agit par obturation des couleurs.

Certes le résultat étudié de très près avec le des-
sein de critiquer n'est pas d'une perfection absolue. La couleur y est bien, mais approximative
souvent. On voit la nature avec ses teintes
presque exactes et pour le gros public cela est déjà
bien suffisant. Le public a-t-il tort de se contenter
de ce qu'on lui offre ? D'admirer ce léger progrès
dans la cinématographie ? Je ne le crois pas et je

pense qu'il a raison de regarder avec plaisir les vues colorées de cinémacolor. On — c'est-à-dire tous les chercheurs attelés à cette rude tâche de perfectionner la photographie et la cinématographie en couleurs — trouvera mieux, on arrivera à donner à ce public ce qu'il attend : une perfection cinématographique en couleurs absolument parfaite.

Le Biochrome Gaumont

J'avais terminé ce travail lorsque j'ai appris que M. L. Gaumont tenait à rester, comme il l'a toujours fait, au premier rang des *perfectionneurs* du cinématographe et qu'il arrivait à obtenir des projections cinématographiques en couleurs absolument parfaites.

Ce n'est plus la dichromie, c'est la trichromie qui sert à Gaumont, cette trichromie de Ducos de Hauron qui a déjà produit tant de merveilles, mais offre aussi tant de difficultés à vaincre pour s'appliquer à la cinématographie.

Les trois images aux trois couleurs primaires : bleues, rouges et vertes sont prises simultanément à la vitesse ordinaire sur trois bandes panchromatisées séparément, développées séparément.

Tous les amateurs photographes savent que la pose sous un écran coloré de plaques panchromatiques doit être très longue et que l'instantané est

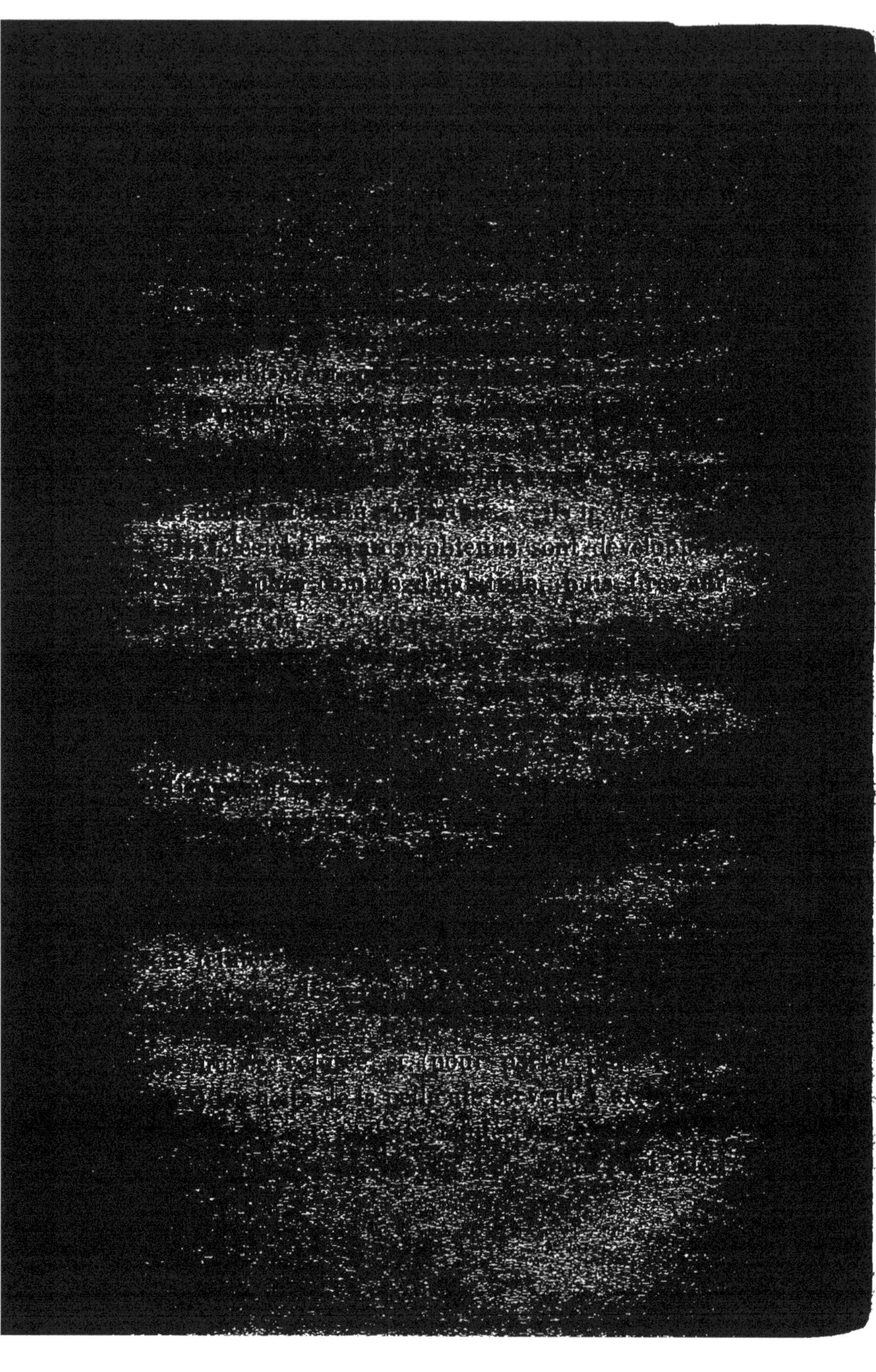

choisi intercalé entre la lumière et le film; en rouge pour la seconde; en vert pour la troisième.

J'avoue que quelle que soit celle de ces deux solutions qui ait été adoptée par M. Gaumont, elle donne des résultats merveilleux.

Le biochrome donne tout ce qui peut faire le charme du cinématographe : la vie et la couleur. Les fleurs sont vivantes avec toute la splendeur de coloris dont elles sont parées; les papillons sont vivants, on voudrait courir après leur vol éperdu dans l'azur du ciel et dans l'or du soleil. Les vues de plages, les scènes champêtres prouvent assez que ces tableaux sont faits à la vitesse ordinaire du cinématographe.

On ne peut que féliciter M. L. Gaumont d'avoir encore une fois tenu haut et ferme le drapeau de l'industrie française et en face du Kinémacolor anglais déjà satisfaisant d'avoir édifié son Biochrome merveilleux et parfait.

CHAPITRE VII

Les Applications du Cinématographe

Quels peuvent être les avantages du cinématographe ? Quelle peut être l'utilité pratique de cet appareil ? Je suis sûr que plus d'un qui s'est distrait mieux que partout ailleurs dira :

— « Peuh ! le cinéma... un joujou pour amuser les grands et les petits... un moyen moderne de distraction. Les anciens avaient des jeux barbares de cirques, de combats de bêtes et de gladiateurs. Nous, nous avons le café-concert, le cinématographe et le théâtre. »

En effet, le cinématographe est un instrument merveilleux pour distraire les foules, pour mettre à la portée de tous, les distractions scéniques, pour remplacer le théâtre, à prix doux, pour se substituer au café-concert souvent obscène, souvent peu artistique.

Ceci éclate aux yeux de tous, c'est une vérité aussi évidente que l'axiome « *deux et deux font quatre* ». Mais à côté de cette utilité de distraction, le cinématographe a d'autres avantages : c'est un moyen d'instruction, de vulgarisation scientifique et artistique ; c'est aussi un moyen de recherches, d'études et de découvertes scientifiques.

Le directeur du cinématograhe a choisi son programme : Il fait défiler devant vos yeux un voyage qui dure deux ou trois minutes. Pendant ce temps fort court, il vous fait voir ce qu'en plusieurs heures de lecture dans vos gros livres vous n'auriez peut-être pas appris ; ce petit cours de géographie, vivante, illustré par le cinéma, restera fixé dans votre cerveau bien plus facilement que toutes les leçons orales ou que toutes les lectures possibles.

Ensuite, une petite comédie un peu plus longue vous distraira, vous arrachera des larmes et des rires.

Puis une industrie dont vous n'auriez jamais songé à vous inquiéter sera présentée à vous. Vous verrez l'ouvrier tisser ou le mécanicien construire son moteur. En quelques minutes, vous saurez, superficiellement peut-être, mais suffisamment pourtant pour pouvoir en parler, ce qui se fait dans cette usine. Ue demi-journée de séjour dans la fabrique vous aurait appris tout juste ce qui vous a été révélé en trois minutes. Dans tous les films qui seront projetés en moins de deux heures, vous trouverez donc matière instructive à côté de l'amusement des comédies, des féeries ou des drames.

La pellicule sera donc amusante ou éducative. Son pouvoir d'instruction est considérable; aussi a-t-on songé à l'utiliser pour faire des cours aux enfants, aux étudiants. Dans certains pays — en Allemagne notamment — les encouragements officiels n'ont pas manqué. Dans les facultés de médecine on a substitué, en partie tout au moins, à l'étude de l'anatomie sur le cadavre, celle de l'anatomie vivante du cinématographe.

Le docteur Doyen fut le premier à se lancer dans cette voie et il eut de nombreux imitateurs.

Quelques-uns allèrent plus loin, montrant les luttes sauvages de ces infiniments petits, végétaux ou animaux, qu'on appelle les microbes, contre nos cellules, contre nos globules sanguins. Le docteur Comandon, avec le concours de MM. Pathé frères, reproduisit des films terrifiants de réalisme et de vie de cette lutte des spirochetes, des spirilles, des cocci, des bacilles contre notre sang et contre notre chair.

Certes, ce tour de force ne paraît pas grand chose à celui qui n'en connaît pas les difficultés, et pourtant, que de patientes recherches il fallut pour réaliser un tel film.

Ces microbes n'aiment ni la lumière, ni la chaleur. Comment les photographier sans lumière?

Ils sont presque toujours de la couleur des liquides qui les contiennent et au détriment desquels ils vivent. Comment les rendre apparents ? Si l'on veut les colorer comme en matière de micrographie ordinaire, on les détruit, ou, plus exactement on les tue ; il devient donc impossible de les voir dans leur activité destructive.

Ces microbes sont souvent si petits qu'il faut des grossissements de milliers de diamètre pour les entrevoir.

Grâce à un dispositif tout spécial, grâce à l'emploi du microscope à réflexion, à l'ultra-microscope, à l'interposition de cuves remplies de liquides calorifuges et teintés suivant les besoins de ces recherches, le docteur Comandon parvint à fixer sur le film, pendant quelques minutes, la vie de ces monstres microscopiques.

Ce travail du docteur Comandon ne serait-il pas le prologue de la médecine de l'avenir ?

Dans quelques années ou dans quelques siècles, le médecin tirera-t-il encore sa montre pour vous tâter le pouls, son thermomètre pour prendre votre température ? Vous auscultera-t-il ? Ou bien, après un examen sommaire, ne prélèvera-t-il pas quelques gouttes de votre sang, de votre salive ; ne vous demandera-t-il pas un peu d'urine et avec cela ou ceci ne verra-t-il pas instantanément le mal dont vous souffrez par un simple examen à l'hypermicroscope ? — Devant une telle méthode, avec une telle sûreté de diagnostic, le médecin ne commettra plus guère d'erreur.

Aux médecins, le cinématographe associé au microscope rendra les plus grands services ; aux écoliers, il n'en rendra pas moins : une leçon d'une heure, avec illustration de cinéma, instruira mieux et moins fastidieusement les jeunes gens et les enfants.

Un professeur du lycée Hoche, à Versailles, entreprit, il y a quelques années, de rendre son cours plus attrayant par l'adjonction de la lanterne et du cinématographe. Il obtint un très grand succès, nous apprend *Cinéma Revue*, et son cours faisait le bonheur non seulement des élèves, mais aussi des parents.

CHAPITRE VIII

Le Cinématographe - parlant

Le cinéma à plaques

I. — Le cinématographe est l'appareil à projection animée et pleine de mouvement. Ce n'est pas la projection parfaite puisqu'il manque à cette vie quelque chose... ce quelque chose c'est la parole, c'est le bruit.

Dans votre cliché cinématographique, la mer roule ses vagues qui se précipitent sur les rochers, écument et retombent comme apaisés. Mais il manque la voix de cette mer qui gronde ou qui murmure et dont le bruit est assez grand pour se faire entendre à plusieurs kilomètres.

Le régisseur *singera* ce grondement en passant une brosse à poils en fils d'acier sur une tôle rouillée bien tendue et en faisant tourner avec une manivelle un cylindre de tôle contenant quelques poignées de grains de plomb.

La forêt est agitée par l'orage, le vent furieux

courbe la cime des arbres, la grêle ou la pluie crépitent sur le feuillage, les éclairs sillonnent le ciel, la foudre tonne... cette terrifiante poésie de la lutte des éléments déchaînés contre les arbres, est plus auditive que visuelle. Or, le cinéma ne rend pas ces sons. Le régisseur dans la coulisse s'efforce de faire du bruit, c'est une imitation très imparfaite de la nature.

La pluie, la grêle seront imitées par une chute de riz, de pois secs ou de haricots sur une plaque de zinc, ou encore par l'emploi de ces légumes dans le cylindre de tôle dont nous venons de parler.

Le bruit de la foudre sera reproduit par l'agitation d'une grande plaque de tôle terminée par la chute d'une sorte de persienne en bois.

Tous ces moyens donnent une illusion du bruit qui complète la vie, mais c'est une illusion imparfaite et qui ne trompe personne.

Aussi depuis que le cinématographe existe a-t-on cherché à compléter son effet visuel par l'effet de reproduction auditive du phonographe.

Cet instrument est arrivé à une perfection très suffisante pour donner l'illusion de la nature quand il y a coïncidence absolue entre le mouvement et le son. Toute la difficulté réside dans la dépendance intime des deux instruments.

Ce n'est pas au moment où l'acteur adresse à

l'actrice ses déclarations les plus ardentes (par l'intermédiaire du phonographe) qu'il doit avoir l'air d'écouter une réponse. Or, c'est ce qui arrive fréquemment quand il n'y a pas *synchronisme* entre les deux instruments, c'est-à-dire concordance entre le mouvement du cinématographe et la rotation du disque phonographique.

Celui qui a le plus fait dans cette voie est certainement Gaumont et, après lui, Georges Mendel s'est occupé de créer des appareils de synchronisme qui ont eu du succès ; Edison, qui a peu inventé mais a su perfectionner et rendre pratiques les découvertes des savants du vieux monde, Edison, dit-on, avait trouvé un procédé de synchronisme absolument parfait. Depuis deux ans cela nous est annoncé comme une véritable merveille. Je souhaite qu'Edison ait réussi, mais, comme il n'a pas daigné indiquer son mode opératoire, et que les résultats *pratiques* n'ont pas encore été produits en public, il me sera impossible de donner même une vague idée de son procédé.

Gaumont, lui, fait connaître son mode opératoire et donne toutes les indications permettant d'apprécier et d'utiliser son synchronisme ; nous en parlerons donc d'une façon très précise.

Le principe fondamental est celui-ci : « En « même temps, prendre le négatif cinématogra- « phique et enregistrer les paroles, musique et

« bruit d'une scène théâtrale sur le disque phono-
« graphique. Les reproduire ensuite simultané-
« ment avec la même vitesse que celle qui a servi à
« les prendre. »

Cette idée n'est rien et c'est l'exécution qui est
tout, elle est difficile et pénible.

Il est facile de reproduire le son, mais il faut
que la voix qui l'émet soit à une distance déter-
minée de l'entonnoir ou pavillon qui le transmet,
cette voix doit être suffisamment forte et proférée
directement en face le pavillon. Comment serait-il
possible de s'occuper aussi soigneusement de la
voix, comment ne pas quitter un instant le pavillon du phonographe enregistreur, tout en mimant
les scènes ?

La grosse difficulté était aussi la reproduction
insolite de ce pavillon sur le cliché photographique.

M. Gaumont a trouvé le moyen de tourner cette
première difficulté de l'enregistrement simultané
des deux effets d'une scène : la vision et l'audition,
en inventant un diaphragme très sensible, enregistrant la voix même non directe, puis en mas-
quant le pavillon derrière des objets artistiques :
plantes vertes, potiches, pendules, etc., et enfin,
et surtout, en réglant, aussi parfaitement que
possible, la concordance des deux enregistrements.

Lors des premiers travaux de Gaumont, en 1902
et 1903, il était obligé de prendre la vue cinémato-

graphique en une séance et enregistrer la voix dans une seconde séance, l'acteur se tenant tout près du pavillon.

D'après cela, on peut juger du peu de concordance existant entre la scène et la récitation ! Mais il n'en est plus de même maintenant et le tout est pris d'un seul coup : le son et la lumière.

Mais pour les reproduire simultanément, il a fallu des dispositifs qui permissent de donner la même vitesse au disque phonographique et à la pellicule cinématographique, c'est-à-dire qu'il faut utiliser des appareils de *synchronisme*.

Le synchronisme parfait est obtenu au moyen d'appareils réglés par l'électricité qui modifie la vitesse du disque ou du film suivant la nécessité.

§ I. *Synchronisme Gaumont.* — Voici comment fonctionne cet instrument :

Le synchronisme est obtenu au moyen d'un dispositif breveté dont voici une description sommaire.

Deux balais frotteurs montés sur l'un des mobiles du phonographe et recevant le courant de la pile ou des accumulateurs distribuent le courant par des contacts et des fils appropriés à un minuscule moteur formant la partie principale du régulateur de synchronisme qui est monté sur le cinématographe ou placé à proximité.

Le courant venant des frotteurs du phonogra-

Fig. 25. — Synchronisme L. G.

phe fait tourner le moteur à une vitesse angulaire rigoureusement égale à celle des balais frotteurs du phonographe.

L'axe de l'induit du petit moteur commande, par des mobiles intermédiaires, une roue dentée 1 faisant partie d'un système différentiel visible sur la figure 25. La roue dentée 2, identique à celle n° 1, est reliée par un dispositif quelconque, mais sans glissement, à un des mobiles du cinématographe.

Entre les roues 1 et 2 se trouvent des petites roues 3 et 4 qui complètent le différentiel; elles sont réunies entre elles et si ces roues, dites satellites, se déplacent dans un sens ou dans l'autre, elles entraînent l'aiguille du régulateur de synchronisme.

Si le phonographe et le cinématographe marchent d'une façon absolument synchrone, les roues 1 et 2 tournent à la même vitesse et en sens inverse; les satellites 3 et 4 roulent sur place et l'aiguille sera fixe. Si le cinématographe tourne plus vite que le phonographe, les satellites se déplaceront et entraîneront l'aiguille vers la gauche. Si c'est, au contraire, le phonographe qui tourne plus vite, l'aiguille sera entraînée vers la droite.

Les graduations indiquées sur le cadran sur lequel évolue l'aiguille donnent le nombre d'images de la bande cinématographique dont on est en avance ou en retard, suivant que l'aiguille est à droite ou à gauche du zéro.

Les mots « retarder », et « avancer », qui sont inscrits sur le régulateur du synchronisme, signifient, par exemple, que la scène ayant commencé dans de bonnes conditions, l'aiguille étant à zéro, le phonographe retarde de cinq images sur le cinématographe si l'aiguille indique la division 5 du côté où il y a écrit « retarder », c'est-à-dire à gauche, et avance d'autant si l'aiguille indique 5 du côté où il y a écrit « avancer », c'est-à-dire à droite.

Pour assurer le synchronisme parfait, il faut et il suffit que l'aiguille reste immobile devant le cadran. Si l'appareil fonctionne à la main, il suffit de tourner la manivelle de façon à maintenir l'aiguille fixe et de tourner plus vite si l'aiguille se déplace du côté où il y a écrit « avancer » et moins vite si l'aiguille se dirige du côté où il y a écrit « retarder ».

Si l'appareil fonctionne au moyen du courant continu actionnant la dynamo placée sous la table, le régulateur de synchronisme se charge de régler automatiquement la marche du cinématographe.

L'aiguille est munie d'un frotteur à double contact, qui se déplace sur les parties métalliques, plaques isolées entre elles sur la platine servant de

8

support, mais réunies par une résistance dans laquelle passe le courant qui alimente la dynamo.

Au moment de la mise en route du cinématographe, l'opérateur, après avoir fermé le commutateur, manœuvre le curseur à droite ou à gauche, de manière à ramener l'aiguille à zéro; à ce moment, les deux extrémites du frotteur se trouvent sur la partie isolée droite et le courant passe par la résistance intercalée entre les deux parties isolées. Si l'aiguille s'incline à droite, l'extrémité de droite du frotteur s'engage sur la partie métallique gauche et réunit les deux parties en supprimant la résistance qui les sépare.

Or, cette résistance est établie de manière que la vitesse de la dynamo soit trop faible quand elle est en circuit et trop forte quand elle est supprimée; on voit, par ce qui précède, que la vitesse augmentera quand l'aiguille se dirigera vers la droite et diminuera quand elle ira vers la gauche; l'ensemble de ses mouvements maintenant le synchronisme.

Sur l'autre côté du régulateur de synchronisme se trouve la barrette à huit prises destinée à recevoir la barrette du câble multiple.

§ 2. — Il existe un autre instrument pour régulariser les mouvements du phonographe et du cinématographe et les rendre concordants, c'est le synchronisme Georges Mendel.

On ne ... appareil ... ne plus donner une description aussi détaillée que pour le synchronisme
Gaumont. Mais le principe semble différer assez
... de celui-ci. En effet, c'est encore l'électric...

...empruntée à un circuit urbain, à une pile ou à un
accumulateur qui règle la concordance entre le
phonographe et le cinématographe.

Dans la figure 26 on peut voir que le courant pénètre de l'accumulateur, dans le synchronisme et qu'il s'y divise en deux portions égales l'une allant au phonographe et l'autre au cinématographe. Le réglage se fait automatiquement au moyen des deux aiguilles G (phonographe ou gramophone) et G (cinématographe) et la vitesse de projection est commandée par un flexible qui s'adapte sur l'obturateur du cinéma qui est ainsi solidaire du disque du phonographe.

II. — Le cinéma pour tous

Il est très intéressant lorsqu'on est en voyage de prendre des clichés de ce qui nous rappellera le plus vivement notre visite à des lieux que nous ne reverrons plus jamais sans doute. Ah! si nous pouvions capturer ce souvenir fugitif, l'emprisonner avec toute sa vie, tout son mouvement, toute sa couleur, combien le souvenir en serait plus vivace.

Réunir la vie et la couleur n'est pas encore possible ; les inventeurs du cinématographe, les frères Lumière, ont mis à la portée de tous la photographie en couleurs. D'autres ont voulu faire de même pour la photographie du mouvement et les appareils ont été lancés utilisant, comme le cinématographe courant, les pellicules sur celluloïd.

Mais ces pellicules sont fort coûteuses (de 80 à 100 francs les 100 mètres); elles sont très inflammables. Quelques-uns ont lancé des appareils calqués sur le cinématographe courant, mais prenant des clichés de moitié plus étroits et de moitié plus courts. Le prix se trouve ainsi réduit de 75 % et l'hectomètre de pellicule contenant le double de vues et donnant une durée de projections doubles ne coûtera plus que 30 à 50 francs. Était-ce bien encore à la portée de toutes les bourses? Amateurs photographes, mes frères, feriez-vous tous les jours, tous les mois un cliché de 20 francs? Ajoutez à cela un autre louis pour en faire un film positif. Franchement, consacreriez-vous 40 francs pour revivre moins de cinq minutes de votre existence?

Cette tentative a donc échoué.

Un inventeur qui jadis lança les pellicules sur gélatine, projetait il y a quelques mois de lancer un cinéma d'amateur utilisant ces pellicules bien moins coûteuses que celles sur celluloïd et non inflammables. Depuis, malgré les promesses vraiment encourageantes de ses premiers essais, je n'ai plus entendu parler de ce lancement.

Mais d'autres inventeurs sont venus qui ont dit :

Les films cinématographiques sont coûteux parce qu'ils sont des pellicules; ils sont inflammables. Faisons mieux : utilisons la plaque ordi-

naire sur verre en enregistrant sur une seule plaque un nombre considérable d'images, de petites
images aussi petites que possible, et nous met-
trons ainsi l'appareil cinématographique à la portée
de tous.

Plusieurs appareils furent donc lancés — sans
trop de succès — utilisant les uns les plaques
13 × 18, d'autres le 9 × 12, d'autres enfin le
6 1/2 × 9.

On reproche à la projection de ces cinéma-pla-
ques de donner un mouvement saccadé, sautillant,
impatientant.

On attribue ce sautillement à l'ébranlement de
la boîte cinématographique causé par le poids
assez grand des plaques de verre.

§ 1er. — Aussi l'un de ces inventeurs de cinéma
à plaques, M. Giovanni Bettini, a-t-il cherché une
solution toute nouvelle de ce problème : au lieu de
faire marcher la plaque, c'est l'appareil projecteur
ou enregistreur (l'objectif si l'on veut) qui se
déplace. On voit d'ici le résultat obtenu. La plaque
est assez grande 13^c/^{m} × 21^c/^{m} et chaque image
est fort petite (7^m/^{m} × 8^m/^{m}). Aussi une seule
plaque peut-elle suffire à l'enregistrement et à la
projection d'une scène, puisqu'elle contient près
de 600 vues.

Chacune des plaques négatives et positives coûte
environ 35 centimes, c'est-à-dire que pour

70 centimes on peut projeter autant de vues qu'avec une bande de 11m60 (soit 36 secondes de projection) qui reviendrait en négatif et positif à 17 fr. 30.

On voit que l'économie est assez sensible pour rendre le cinéma à plaques pour les amateurs préférable au cinéma à pellicules.

L'appareil fonctionne, ai-je dit, par le déplacement de l'objectif tant à la prise de vue qu'à la projection au moyen de deux vis à pas contraires, qui produit simultanément l'obturation de l'objectif et son déplacement le long d'un charriot coulissant sur lequel il glisse; pendant la période d'arrêt l'obturateur est ouvert et la vue imprimée; puis nouvelle fermeture, marche de l'objectif et ainsi de suite jusqu'au bout de la rangée. A ce moment l'objectif ne se déplace pas c'est la plaque qui descend de la hauteur d'une image pendant la période d'obturation.

Pour la projection l'appareil de prise de vue sert, en ouvrant l'arrière et en projetant à travers le positif un faisceau de rayons lumineux parallèles au plan de la plaque (au lieu d'y être projetés perpendiculairement suivant l'usage des projections). Un prisme réflecteur reprend ces rayons, les dévie et leur fait alors traverser le positif.

Un objectif combiné avec un prisme et un

miroir reçoit les rayons lumineux et les dirige sur l'écran ordinaire qui permet de voir l'image agrandie.

Tout ce système optique fait son petit mouvement de va-et-vient, la plaque ne se déplaçant que lorsque la dernière image d'une rangée est projetée.

On voit l'originalité de ce système : la source lumineuse et l'écran y sont perpendiculaires au cliché positif.

§ 2. — Le format 13×21 donne un appareil plus lourd qu'un détective 13×18 et Dieu sait si un instrument de ce genre est facile à transporter ! Aussi un autre inventeur a-t-il lancé un appareil à 18 plaques $6 \ 1/2 \times 9$, dont chacune contient 84 vues. Cela met la même quantité d'images que celles contenues sur une plaque 13×21 à o fr. 55 pour le négatif et autant pour le positif. Cet appareil est l'Olikos.

L'appareil est reversible et sert pour la projection comme pour la prise des vues.

L'enregistrement se fait par petits carrés égaux de $7^m/_m$ de hauteur sur $8^m/_m$ de largeur et les images s'impressionnent dans l'ordre de la figure 27 ci-après.

L'appareil étant muni d'un compteur on voit le nombre de plaques utilisées pour l'enregistrement d'une scène. L'appareil chargé peut tourner pen-

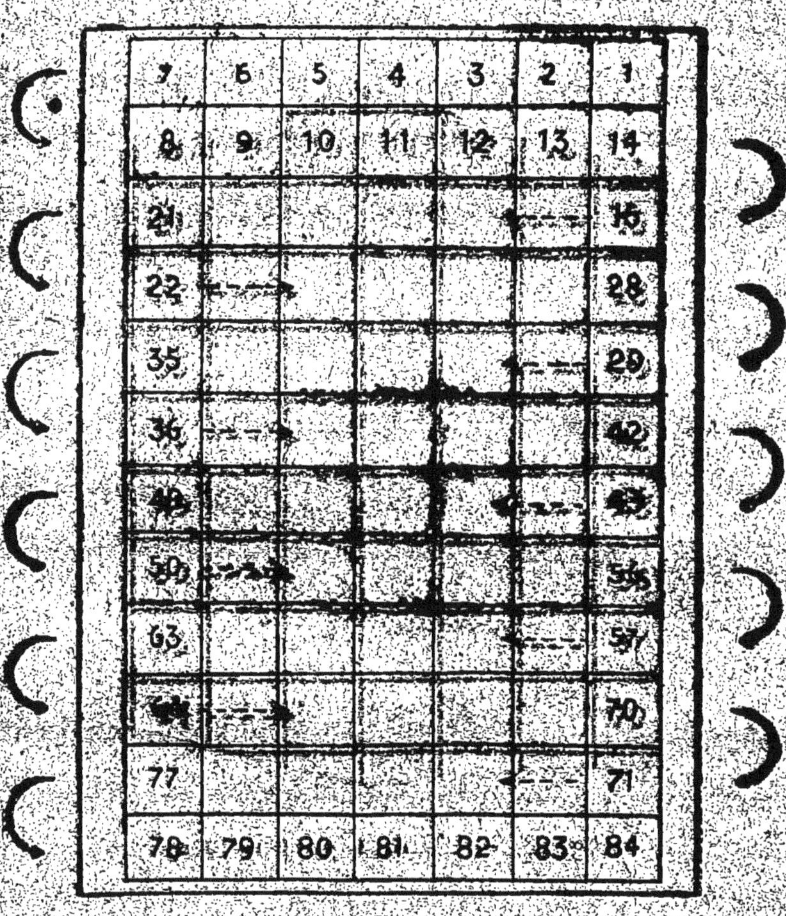

Fig. 27. — Sens de l'enregistrement de la plaque
dans l'Olikos

dant 4 minutes et fournir ainsi 1512 images représentant la même scène que 3o^m25 de film.

Fig. 28. — L'Olikos (prise de vues)

Ce qui coûterait 22 fr. 5o en film ne coûte que 1 fr. 5o avec l'Olikos et est par conséquent à la portée des amateurs non millionnaires.

Les petites images peuvent se projeter en 85°/m sur un mètre sans que la netteté en soit altérée.

Fig. 29. — L'Olikos prêt à projection

TABLE DES MATIÈRES

Grande Imprimerie de Troyes, 136, rue Thiers

www.ingramcontent.com/pod-product-compliance
Ingram Content Group UK Ltd.
Pitfield, Milton Keynes, MK11 3LW, UK
UKHW022047070726
13613UKWH00002B/717